商战

中小企业融资全攻略

李浩　编著

中国科学技术出版社

·北　京·

图书在版编目（CIP）数据

商战：中小企业融资全攻略 / 李浩编著 . —北京：
中国科学技术出版社，2024.6
ISBN 978-7-5236-0807-4

Ⅰ . F279.243

中国国家版本馆 CIP 数据核字第 2024XS4608 号

策划编辑	李清云	**责任编辑**	褚福祎
封面设计	马筱琨	**版式设计**	蚂蚁设计
责任校对	吕传新	**责任印制**	李晓霖

出　　版	中国科学技术出版社
发　　行	中国科学技术出版社有限公司
地　　址	北京市海淀区中关村南大街 16 号
邮　　编	100081
发行电话	010-62173865
传　　真	010-62173081
网　　址	http://www.cspbooks.com.cn

开　　本	880mm×1230mm　1/32
字　　数	184 千字
印　　张	8.625
版　　次	2024 年 6 月第 1 版
印　　次	2024 年 6 月第 1 次印刷
印　　刷	北京盛通印刷股份有限公司
书　　号	ISBN 978-7-5236-0807-4/F·1274
定　　价	68.00 元

编委会

序
企业融资概述

      俗话说"商场如战场",而打仗讲究的是"兵马未动,粮草先行"。任何企业的发展都离不开资金支持,大到采购原材料、投资建厂、实施并购,小到日常办公开支、差旅招待,样样都要花钱,而企业经营的基本规律都是先有投入后有产出。一些行业从投入资金到产生收入、赢利,乃至收回全部投资,要经历很长的周期;想要发展壮大,启动新业务或者扩大再生产,还要进一步追加资金投入。融资难,一直是困扰中国大多数企业,特别是中小微企业的难题,笔者长期从事资本市场专业咨询和服务工作,接触了大量的民营企业家,深感企业融资之不易。很多企业负责人在融资上耗费的时间和精力甚至超过了在日常经营业务上花费的,"缺少资金支持""资金成本过高"等融资问题和"赚钱难"等经营问题一样严重制约着企业的发展。

      为了解决这个问题,国家一方面制定各种政策鼓励银行增加对民营企业、中小企业的贷款;另一方面积极发展多层次的资本市场,为中小企业提供更丰富的融资渠道。但许多企业家都是做具体业务出身,对金融知识了解有限,在融资渠道方面一般只知道银行借款、民间借贷、吸引股权投资及上市融资等，对其他融资方式知之甚少，即使对常见的融资渠道，也往往只是一知半解，并不清楚这些融资方式的具体条件、优势劣势、如何操作、风险控制等，甚至还存在不少误解。

因此，笔者深感有必要推出一本基础性的融资入门图书，以范围宽、深度浅、突出重点、强调实操的定位，帮助企业家对各种融资方式的基础模式、特点、优劣势、适合的企业类型以及实际操作中的重点问题建立起整体性的认知体系，引导企业家在融资领域沿着正确的大方向前行，少走弯路、少犯错误。

任何产品都不可能让所有人满意，必须定位于特定的目标市场，服务于特定客户。本书针对的目标读者是企业家，主要是为了树立正确融资方向、广泛了解主要融资方式的基本逻辑和条件以及实务中最关键的问题。对于没有重大影响的细节性、操作性问题，较为简单的融资方式下可以由企业的法务或经办人员解决，较为复杂的融资方式下企业需要委托专业机构协助办理，不是作为决策者的企业家重点考虑的问题，因此本书不做详尽说明。

一、树立正确融资理念

在了解具体的融资方式前，应当先对企业融资建立正确的整体性认识。融资作为与投资相对应的概念，顾名思义就是货币资金的融入，是企业以承担债务或者出让权益份额为代价，取得投资者资金的行为。融资虽然也收到了钱，但从财务角度来讲并不属于企业的"收入"，因为取得的资金并非是提供商品或服务等业务活动的报酬，而且企业收到钱的同时就承担了相应的义务，要么将来还本付息，要么出让企业的一部分表决权和分配权，总之都是有代价的。

当今社会很多企业家都具备很强的资本市场意识，高度重视企业融资工作，这相对于中国传统社会长期以来轻视融资造成企业发展缓慢而言，是个巨大的进步，但同时必须从基础观念上对融资的性质和作用建立清醒的认识。融资不是收入，更不是利润，融入资金是企业快速发展的必要条件，但不是企业的经营业绩，融资时必须认真考虑资金成本和其他要承担的义务。只看到资金流入的利益而忽视融资的代价和风险，甚至不惜代价、不负责任地超过自身经营能力和正常资金需求滥用融资手段"圈钱"，最终将导致无法兑现对投资者的承诺甚至债务违约，不仅不能使企业健康、快速地发展，还会使企业失去诚信，丧失继续融资能力；严重违背诚信和法律，采用欺诈方式、法律禁止的形式融资或者违反约定将融入资金投入非经营领域，甚至转移、占用，更是要受到法律的严厉制裁。

在资本市场高度发达的市场经济条件下，融资和经营就像企业前进的两条腿，在发展的路上要想走得快、走得稳，两条腿不仅都要长，更要长度相当，不能一条腿长、一条腿短。企业经营优势突出而融资工作滞后，发展速度将受到巨大的掣肘，甚至错过行业的黄金时期，丧失在行业中的优势地位；企业融资规模远远超过主业经营发展的正常需要，会导致企业将资金盲目投入不具备竞争优势的领域，甚至从事高风险的财务性投资，融资成本超过了企业主业的正常利润水平，会导致企业不堪重负，蚕食企业的利润甚至导致企业违约；只有保持主业发展和融资工作齐头并进，建立合理的资本结构，控制融资成本，并随着业务的发展逐步进行与企业规模和能力相匹配的融资，才能让企业的健康发展为顺利融到足额资金和降低融资成本打下坚实的基础，并且让合理的融资规模和结构为企业发展提供资金上的保障。

二、建立合理资本结构

融资具体方式多种多样，但从法律性质上可以划分为股权融资和债务融资两大类别，对这两大类融资的性质、特征有基础性的了解，是企业确立合理资本结构的前提条件。股权融资，是指融资企业通过发行权益份额（股权或股份）的方式融入资金，投资方通过出资认购发行的权益份额，取得股东权利义务的融资方式。股权融资完成后，投资者以其资金换取融资企业相应的权益份额，二者之间形成所有者（股东）与投资标的公司的关系，股权融资所获得的资金可以永久使用且无须支付固定利息。如果公司破产清算，股东的清偿顺序也排在债权人之后，但股东根据其持有的股权比例依法享有相应的表决权、利润和公司财产分配权等权利。债务融资，是指公司企业通过发行债券、票据等债权凭证或者借款的方式融入资金，债权人根据债权凭证或借款合同收取本息的融资方式。债务融资完成后，融资企业与投资者之间形成货币债权债务关系，企业应按约定向债权人支付本息，但债权人一般情况下不得干涉企业经营决策，对企业超过债务本息以外的资产和利润也不享有权利。两者具体差异比较见表0-1。

表 0-1　股权融资和债务融资的差异

项目	股权融资	债务融资
权利性质	股权	债权
法律关系	所有者与标的企业	债权人与债务人
基本法律依据	公司法	民法典
是否偿还本金	否	按约定期限归还本金
是否有固定利息	否	按约定期限支付固定利息
是否参与利润分配	是	否
是否参与公司决策	享有股东（大）会表决权	除特殊约定外不参与决策
破产清偿顺序	清偿全部债务后按股权比例分配全部剩余财产	在股东之前偿还，但金额以债务本息为限
退出方式	转让股权，除法律或章程有特殊规定或股东之间有特殊约定外，无权强制要求企业回购或其他股东收购	到期收回本息或转让债权，除法律有特殊规定或特殊约定之外，无权强制要求债务人提前清偿

通过对比，不难发现股东是企业的所有者之一，与企业同舟共济，不仅向企业提供资金，还参与企业决策，在企业发展情况良好时，股东的财富可以随企业业绩同步增长，如果企业经营不善，则可能分不到任何股利，在企业破产时甚至所有投资损失殆尽；债权人则是以利息收益为对价向企业提供资金，这种关系无论长短都是有期限的，即使企业发展得好，债权人

也只能收回固定本息而没有额外的收益，企业经营不善也会面临损失利息甚至本金风险，在企业破产时甚至可能损失全部利息和大部分本金，但债权人的分配顺序在股东之前，因此损失的程度不会像股东那样严重。

各国一般都规定债务利息在税前支付，可以抵减企业所得税，股息红利则在税后支付，不能抵减企业所得税，因此债务融资相对于股权融资具有能降低税负的优点，被称为"税盾效应"。然而根据我国税法的相关规定，境内企业法人作为债权人的，投资其他境内企业取得的股息红利所得不再缴纳企业所得税，而从其他企业取得的利息收入应当缴纳企业所得税，因此在债权人为企业法人的情况下，债务融资只是把税收成本从融资企业转嫁给了投资企业，总体上并不存在"税盾效应"；而个人投资者无论向未上市企业入股还是提供借款，取得的股利或利息都需要缴纳个人所得税，仍然存在"税盾效应"。存在"税盾效应"的情况下，债务融资的整体税负比股权融资更低，在其他条件相同时采取债务融资更有优势。

根据上面的分析对比，一般情况下债权投资风险比股权投资小，因此债权人对投资回报率的期望值也比股东低，也就是说债务融资成本比股权融资成本更低，股权投资者则会通过分配公司利润稀释原股东的收益，这就是很多赢利能力强、成长性好的优质企业更倾向于发行固定收益的债券或者贷款融资，而不喜欢增发股权的原因。同时，企业全部股权融资取得的资金作为企业自身拥有的财产，是企业偿还借入资金本息的保障，如果企业股权融资很少，过度依赖债务融资，导致企业负债在总资产中占比（即资产负债率）过高，债务违约甚至破产的风险就会大幅提升，债权人不再愿意向企业提供借款，债务融资成本就会严重攀升，甚至超过股权融资成本。

因此，对股权融资和债务融资的分类，有助于企业建立合理的资本结构，通过合理运用股权融资和债务融资，建立起适当的资产负债比例，在保障企业财务安全的前提下适当举债，通过财务杠杆实现股东价值最大化。判断什么样的资产负债比例是健康合理的，要考虑企业所处的行业情况。一般工业类企业合理的资产负债率范围在 40%~60%，金融类企业通常资产负债率很高，银行类企业资产负债率一般超过 90%，而服务类企业由于轻资产难以取得中长期融资，资产负债率通常比工业类企业低一些。另外企业的规模和对接资本市场程度也会影响资产负债率，规模较小的非上市公司一般债务融资比较困难，资金成本较高，只能更加依靠股东投入，资产负债率会比同行业大规模上市公司低一些。

三、融资期限与偿债风险管理

根据融入资金可使用的期限，一般区分为长期融资与短期融资，在财务上通常把使用期限在 1 年以内的称为短期融资（如短期借款），使用期限超过 1 年的称为长期融资（如长期借款）。按照银行的贷款期限分类，则将 1~5 年的贷款称为中期贷款，超过 5 年的贷款称为长期贷款。债务融资既可能是短期融资、中期融资，也可能是长期融资，但除了极其特殊的品种

（如"永续债"）之外，一般都是有期限的。股东原则上不能强制要求公司退股，只能转让股权，因此股权融资对于融资企业来说是无期限的，属于长期融资。

短期融资既可能基于主动的融资行为产生，例如短期借款，也可能在经营活动中自然发生，如应付账款。短期融资的成本可能很高，如企业为应急或过桥需要向小贷公司、其他企业或个人进行短期拆借，也可能与中长期融资成本类似，如向银行短期贷款，通过经营活动自然产生的短期融资甚至可能是零成本，如应付账款。企业进行短期融资的目的一般都与短期资金需求相关，如流动资金周转、过桥资金、应急资金等。中长期融资一般都是基于企业主动融资行为产生，融资成本一般比较稳定，其中债务融资成本应当低于企业投资回报率，否则不仅无法通过财务杠杆提升股东价值，反而会降低股东收益。企业进行中长期融资一般是基于中长期经营投入的需要，例如固定资产投资或并购，或者以资金成本较低的融资品种替换资金成本较高的融资品种，例如发行债券偿还银行贷款。

不同期限融资情况比较如下，见表 0-2。

表 0-2   不同期限融资情况比较

项目	短期融资	中期融资	长期融资
期限	1 年以内	1~5 年	5 年以上或永久
性质	债务融资	债务融资	债务融资或股权融资
来源	融资或经营行为	融资行为	融资行为
资金成本	波动大	稳定	稳定
用途	经营周转、过桥、应急等	中期项目	长期或永久性投资

项目	短期融资	中期融资	长期融资
还款压力	短期资金压力大	中期赢利和资金压力	长期赢利能力压力
主要形式	短期贷款、资金拆借、短期融资券等	中期贷款、信托、债券、中期票据等	长期贷款、长期债券、股权融资等

对融资期限的分类，意义在于使企业关注未来还本付息对于企业资金流的压力。短期融资将在 1 年内全部偿还，对企业资金流存在很大压力；中长期借款偿还周期在 1 年以上，对企业资金流压力不会很快体现，但必须有足够的赢利能力才能保障按时偿付本息。中期借款要在 5 年内还清本息，在具备赢利能力的同时仍要考虑企业是否具备与赢利相匹配的现金流入作为还款资金来源，从长期来看健康的企业必然能够实现现金流量与赢利状况的一致，因此长期借款时，企业应当重点衡量自身的持续赢利能力，而不用过分关注资金流。股权融资提供的永久资金无须还本，也不需要支付固定现金股利，对企业资金流没有直接压力，但是更要关注融资对企业持续赢利能力的影响，企业因融资增加的利润必须超过新股东参与分配对原股东收益的稀释作用，否则原股东在融资后的收益反而会下降。

企业处理好短期和中期融资本息偿付对资金流的压力，防范资金断链的根本办法就是尽可能做到大额资金的融资期限与其投资回报期相匹配，防止"短贷长投"造成严重期限错配。但由于客观上企业获取长期融资难度很大，实践中企业投融资期限错配的情况又非常普遍，这时主要依靠财务指标监控、资金预算和授信额度防止发生债务违约风险。

　　考察企业短期偿债能力的主要财务指标是流动比率和速动比率，前者是流动资产与流动负债的比例，流动资产是企业在1年内可以变现的资产，是偿付1年内到期债务的主要保障，同时考虑到流动资产变现仍可能存在一定困难和贬值风险，因此一般流动比率高于2的企业才被认为短期偿债能力较强、风险较低；速动比率是扣除存货金额后的流动资产与流动负债的比例，其主要考虑是在流动资产中存货变现能力存在较大不确定性，而且贬值或损毁风险较高，一般速动比率高于1的企业被认为短期偿债能力较强、风险较低。衡量企业中长期偿债能力的指标即资产负债率，企业在同时保持资产负债率稳定和较强融资能力的情况下，可以通过借新还旧缓解偿还债务本金的资金压力，因此中长期负债对企业资金的压力主要表现在债务利息偿付上。考察企业长期支付债务利息能力的主要财务指标是利息保障倍数，即息税前利润与利息的比例，在企业资金流与利润相适应的情况下，每年息税前利润就是可以用于偿付利息的资金来源，利息保障倍数在3以上的企业一般被认为偿付利息能力较强、风险较低，利息保障倍数如果小于1，意味着企业赢利能力已经不足以支付利息，是企业近期内面临债务违约的危险信号。

　　除通过财务指标监控外，避免资金断链更直接的操作方法是做好资金预算，提前预测和规划好未来一定期间内因经营和投融资活动产生的大额资金收支，合理制订和调整投融资计划，确保预算期内任何时点都不出现资金余额为负的断链情况，即可以有足够的资金偿付融资利息和到期本金。企业为应急进行的短期债务融资不仅难度大，而且往往资金成本非常高昂，通过完善的资金预算管理就可以比较有效地防止应急性借款发生。

天有不测风云，经营中有些突发事件难以预测，例如市场突然变化、大额账款不能按时收回等，造成资金管理"计划赶不上变化"。因此在做好资金管理的同时，企业平时要有居安思危的意识，一方面保留一定的安全资金存量应对突发情况，另一方面加强与金融机构的日常联系，申请取得一定授信额度，一旦出现紧急资金需求时能够及时以较低成本融入所需资金。

四、直接融资与间接融资

依据融资方资金是直接从资金方融入还是从金融机构融入，融资形式又可以分为直接融资与间接融资。直接融资，是指融资方未通过金融机构直接从资金方融入资金，或者金融机构在融资交易中仅发挥中介、监督、管理等作用并收取相应服务费而不直接作为投融资主体、不享有投资收益也不承担投资损失的融资方式。间接融资，是指由金融机构直接作为投融资主体，以融资方身份从资金方融入资金，再以资金方身份将资金提供给真正的资金需求方使用，金融机构作为债权人对融资方享有权利，同时作为债务人对资金方承担义务，而融资方和资金方不发生直接联系的融资方式。企业向个人借款或者企业之间资金拆借，没有通过任何金融机构，是典型的直接融资；银行向储蓄客户吸收存款，再向企业提供贷款，则是典型的间接融资；企业在 A 股市场 IPO（首次公开募股）或再融资，也需要由作为金融机构的券商提供保荐和承销服务，但券商的职能仅是监督、推荐和股票承销，而认购企业股票的是投资者，股票的收益和风险也属于投资者而非券商，因此这仍属于直接融资。性质更加模糊的是基金、信托、资管等模式，金融机构通过向资金方募集资金并以基金、信托计划、资管计划的形式投资给企业，不仅提供持续管理，有的还与资金方约定管理费与实际业绩相挂钩，具有很多类似间接融资的特点。但从本质上看，金融机构仍然是担任中介方和管理者的角色，资金方能够获取自己资金所对应的具体投资标的信息，且其风险和收益也取决于投资标的经营情况，资金方在金融机构无过错的情况下，即使受到损失也不能要求金融机构作为债务人向自己偿付投资本息，因此仍然属于直接融资。

根据能否面向投资者公开募集资金，直接融资又分为公募和私募两种方式，前者可以通过公开方式进行宣传和募集，并且投资者数量可以超过 200 人；后者不得公开募集资金，且投资者数量不得超过 200 人。由于公募融资能够吸引更多的中小投资者，在信息公开的条件下实现资金方之间的充分竞争，因此其他条件相同的情况下，通过公募融资的资金成本一般会明显低于私募融资，债务融资时具体表现为利息较低，股权融资时表现对企业估值更高。

我国传统金融体系以间接融资为主，融资模式单一，主要方式就是银行贷款，其主要弊端是经济波动风险在银行体系内高度集中以及中小民营企业融资困难。随着金融业的发展，国家在金融政策导向上一直鼓励和引导增加直接融资比例，建立健全由各类金融机构和融资产品组成的金融服务体系，分散金融风险，为各类企业提供丰富的融资渠道，培养广大投资者的风险意识。随着股市、债市、基金和各类资产管理产品吸引了大量社会资金，直接投资的比例已经大幅度提升。

直接融资与间接融资的差异主要是由于金融机构介入程度不同而导致融资费用不同，对于没有金融机构参与的直接融资，融资方的资金成本就是资金方的收益，基本不存在融资费用；对于金融承担中介、管理或监督职能的直接融资，中介机构要以佣金、管理费等形式收取一定服务费，因此融资方的成本不仅包括资金方收益还包含融资费用。在间接融资模式下，金融机构介入程度最深、承担风险最高，只有由符合特定条件的股东设立、资金实力强、专业人员和设施符合要求的企业才能取得监管部门颁发的业务牌照，而且经营中必须执行严格的风控措施，因此融资费用较高。另外，不通过金融机构直接融资的，资金到位速度取决于资金方的情况；通过金融机构进行直接融资的，一般要耗费较长时间来募集资金，有的还需要金融监管部门审批，周期较长。通过金融机构进行间接融资的，金融机构一般资金较为充裕，资金到位速度主要取决于金融机构审批效率。

对企业而言，一方面要保障融资及时到位，另一方面要尽量降低融资成本，因此要合理运用直接融资与间接融资搭配。银行作为提供间接融资最主要的金融机构之一，资金实力强大，企业应尽可能与几家银行保持密切合作关系，取得较高授信额度，以便在需要融资时能够迅速取得资金。由于直接融资费用较低，对于资信状况相同的企业而言，一般发行债券的资金成本比银行贷款更低，实践中很多企业通过发行债券偿还相同或相近金额和期限的银行贷款，从而有效降低了资金成本。

五、企业类型与融资

企业的类型也会影响到融资方式和效果。从合作的基础看，企业分为人合企业、资合企业和人合兼资合企业。人合企业是以投资人之间的信任关系为基础的企业，例如合伙企业；资合企业是以股东出资为基础的企业，例如股份公司；人合兼资合企业是兼具两者特点的企业，例如有限公司。根据企业是否能够向社会公众公开募集资金，可以分为公众公司（又称为"开放型公司"）与非公众公司（又称为"封闭型公司"）。公众公司可以以公开的方式向社会公众募集资金，或者投资者数量能够超过 200 人，例如上市或新三板挂牌的股份公司；非公众公司则不能以公开方式向社会公众募集资金，投资者数量也不能超过 200 人，合伙企业、有限公司和其他股份公司都属于非公众公司。不同类型企业在融资上的差异主要体现在以下几个方面：（1）在直接融资中，公众公司中的上市公司可以采取公募方式发行各类证券，新三板公司虽不能公开发行各类证券，但股东总数可以超过 200 人，而非公众公司不得公开发行证券，股东也不能超过 200 人。（2）在间接融资中，公众公司有持续的信息披露和严格的财务审计，信息真实性较强，同时股份流通性较好，控股股东可以将股份质押作为借款担保，在向金融机构借款上相对非公众公司也具有一定优势。

由此可见，公众公司在融资上相对于非公众公司拥有明显的优势，因此众多企业家都将成为公众公司作为对接资本市场的奋斗目标。要成为公众公司必须先成为资合企业，除了公司外在法律形式符合要求之外，还要建立起以所有权与管理权分开为核心的现代企业治理结构，健全公司内部制度并认真执行，发挥股东大会、董事会和监事会的作用，合规经营并规范财务制度，依法履行信息披露义务，只有达到这些要求的企业才能够通过上市或挂牌成为公众公司，从而具有更强的融资能力。

目录

第一章　金融机构融资____001

第一节　金融机构融资概述　003

第二节　银行贷款　006

第三节　信托贷款　021

第四节　金融租赁　027

第五节　企业债　029

第六节　私募债　039

第七节　资管计划　047

第八节　资产证券化　051

第九节　中期票据和短期融资券　058

第十节　票据贴现　061

第十一节　信用证　064

第十二节　福费廷　069

第十三节　内保外贷　071

第十四节　特定区域融资　075

第二章　类金融机构融资____079

第一节　类金融机构融资概述　081

第二节　股权投资机构融资　083

第三节　股权众筹　094

第四节　小贷公司借款　100

第五节　融资租赁　103

第六节　商业保理　107

第七节　典当融资　111

第八节　区域股权市场融资　114

目录

第三章　民间直接融资　121

第一节　民间融资概述　123

第二节　向股东融资　125

第三节　向员工融资　139

第四节　向特定对象借款　147

第五节　托管式加盟　152

第六节　预收款、采购账期和商业汇票　159

第七节　票据背书融资　165

第八节　让与担保和融资性贸易　170

第四章　上市融资　177

第一节　上市融资概述　179

第二节　A 股上市　181

第三节　新三板挂牌　203

第四节　境外上市融资　213

第五章　融资增信　229

第一节　融资增信概述　231

第二节　保证　234

第三节　抵押　238

第四节　质押　243

参考法律规范　249

CONTENTS

第一章

CHAPTER 1

金融机构融资

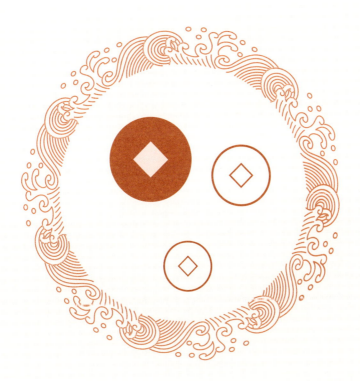

第一节
金融机构融资概述

金融机构广义上包含了一切为资金融通提供服务的合法机构；狭义上则专指由国家依法设立的金融监管部门以行政许可批准从事特定类型金融服务业务经营，并受到金融监管部门持续监管的金融服务机构，即目前由中国银保监会批准设立并监管的银行、保险、信托、金融租赁等行业经营机构和由中国证监会批准设立并监管的证券、基金、期货等行业经营机构，俗称"牌照类金融机构"。

金融机构融资，是指企业向牌照类金融机构申请融资，或者由牌照类金融机构担任居间人、推荐人、管理人等角色向特定投资者或社会公众融资的行为。根据金融机构在投融资中的身份和职能以及参与融资活动的程度由浅至深，可以分为居间人、推荐人、管理人和资金方四个层级。担任居间人是金融机构介入金融活动程度最浅的方式，主要职能是提供介绍渠道、撮合交易、专业咨询等服务，并不直接参与交易，从事这类业务通常并不以具备金融牌照为必要条件，而是金融机构利用其专业能力和业务渠道从事的中介性质服务，因此也称为"非牌照类业务"，不能体现金融机构融资的本质特征，比较具有代表性的是为其他金融机构或企业介绍投融资业务的财务顾问服务；担任推荐人是具备特定业务资格的金融机构从业务、法律、财务等角度对拟向金融监管机构申请融资的企业进行核查，向审核机关保举和推荐经审查认为符合条件的企业的业务活动，一般同时还会为企业发行的融资工具提供承销服务，金融机构虽然不直接承担投资风险，也不提供持续投资管理，但需要以自身资质为融资企业信息的真实性和持续赢利能力提供一定保证，典型的如 IPO 保荐承销业务；担任管理人的金融机构一般要承担募集资金、设立投资主体、考察融资企业、签署投资相关协议、为投资人提供持续管理等职能，深度影响投融资、收取收益和收回本金的整个过程，具有代表性的业务是公募基金管理业务；担任资金方的金融机构一方面作为最终资金方的融资方，另一方面作为融资企业的资金方，将对资金吸纳和投放的规模和结构进行严格控制，设立资金池进行管理，最具代表性的就是银行存贷款业务。

牌照类金融机构由国家金融监管部门以行政许可批准设立，从事金融服务业务经营，受到金融监管部门持续监管，主要包括中国银保监会批准设立并监管的银行、保险、信托、金融租赁业经营机构和由中国证监会批准设立并监管的证券、基金、期货业经营机构等。牌照类金融机构处于国家整个金融市场机构体系的顶层，不仅设立条件非常严格，而且需要由金融监管部门审批，门槛很高；除了有行业专项法律法规进行特别规范外，还存在着大量的部门规章和行业自律组织的业务规则，企业的经营活动要受到金融监管部门、行业协会和金融工具交易所、登记结算机构等从各个角度进行的全方位监督管理。金融机构的合规、稳健经营，是整个金融体系安全，乃至国民经济安全的命脉。

牌照类融资机构可以为企业提供大额资金支持，且同类性质业务的资金成本相对较低，但同时对企业资质的审查也最为严格。随着企业做大做强，通过牌照类金融机构融资必然成为企业解决资金需求的最主要方式，其中资金总规模最大的金融机构是银行，其他依次是信托、保险和公募基金，这些机构是企业直接或间接的最主要资金来源。银行资金主要以贷款形式投入企业，公募基金只参与公开发行的标准化证券投资，信托资金和保险资产配置比较复杂，可以通过包括证券投资、股权投资和非标准化债权等多种方式投入企业。证券公司资金管理规模相对较小，主要以推荐人身份协助企业融资，是保荐企业IPO 和再融资、推荐新三板挂牌的核心力量，在公司债、企业债、ABS 发行承销方面也发挥着巨大作用，并广泛参与短期融资券、中期票据的债权类证券的承销工作，也是协助企业融资的一支重要支柱力量，且随着股权融资和直接融资的比例逐步提供，还将发挥更重要的作用。

第二节
银行贷款

资金来源：银行

融资性质：债务融资

融资方式：间接融资

融资期限：短、中、长期

适用企业：各类企业

优　　势：融资金额大，资金成本低，期限跨度大，法律关系简单

劣　　势：对借款企业要求高，手续烦琐、资金到位慢，对资金用途监管严格

实务要点：选择适合本企业的贷款方式，防控期限错配风险

一、银行贷款概述

银行最主要的业务就是存贷款业务，从储户吸收存款后再借贷给借款人取得息差收益，贷款无法收回的风险由银行承担，因此银行借款属于典型的间接融资。在中国金融体系中，

银行贷款一直是最主要的融资资金来源。对于大多数企业来说，只要需要通过举债方式融资，首先考虑的就是银行贷款，无法取得足额银行贷款时才会考虑其他方式。

银行作为专业的存贷款业务金融机构，是资金实力最雄厚的金融机构，可以满足企业的巨额融资需求，而且银行贷款利率远远低于绝大多数债务融资成本，针对不同的对象和需求，贷款种类众多，贷款期限也跨度非常大，可以满足企业各种不同用途需求，银行贷款一般都是简单清晰的债权债务关系，不像其他投资机构那样可能附加很多的特殊条款，给企业带来难以预期的风险。此外，银行作为银保监会监管的牌照类金融机构，其各项业务都在非常严格的行业监管下开展，以规范金融秩序、防控金融风险。同时，银行在资本市场中的强势地位和各类企业对银行资金的强烈需求，使银行对借款企业条件要求较高，贷款审查比较严格。根据银行内部风控制度和审批权限，一笔贷款需要多级审核，周期较长，一般都要数月才可能放款，银行对贷款资金的使用也有严格的监管措施，甚至采取"贷款人受托支付"方式直接把款项打给借款企业的供应商，使企业无法灵活安排贷款资金使用。

国家关于银行贷款制定了包括法律、行政法规、部门规章、司法解释等在内数以百计的法律规范，其中最核心的有规范贷款业务主体的商业银行法，作为贷款业务基本规范的《贷款通则》，作为各大类贷款业务具体管理制度的《流动资金贷款管理暂行办法》《固定资产贷款管理暂行办法》《个人贷款管理暂行办法》《商业银行并购贷款风险管理指引》等。

贷款主体为商业银行和银行类金融机构，具体包括全国性商业银行、城市商业银行、农村商业银行、城市信用合作社、农村信用合作社、外资商业银行、中外合资商业银行、外国商业银行分行等。在遵守相关监管规则的前提下，各类银行在业务侧重点、审查标准和程序上会有一定差异。商业银行以安全性、流动性、效益性为经营原则，实行自主经营，自担风险，自负盈亏，自我约束。商业银行贷款，应当对借款人的借款用途、偿还能力、还款方式等情况进行严格审查，并实行审贷分离、分级审批的制度。

二、银行贷款的主要类别

根据贷款决策和责任主体，可分为自营贷款、委托贷款和特定贷款。自营贷款，指贷款人以合法方式筹集的资金自主发放的贷款，其风险由贷款人承担，并由贷款人收回本金和利息；委托贷款，指由政府部门、企事业单位及个人等委托人提供资金，由贷款人（即受托人）根据委托人确定的贷款对象、用途、金额期限、利率等条件代为发放、监督使用并协助收回的贷款；特定贷款，指国务院批准并对贷款可能造成的损失采取相应补救措施后责成国有独资商业银行发放的贷款。委托贷款为企业间资金借贷的特殊形式，国有独资商业银行已全部完成商业股份化改制不再承担政策性贷款职能，因此本节所述均为自营贷款。

根据贷款期限长短，可分为短期贷款、中期贷款和长期贷款。短期贷款，指贷款期限在 1 年以内（含 1 年）的贷款；中期贷款，指贷款期限在 1 年以上（不含 1 年）5 年以下（含 5 年）的贷款；长期贷款，指贷款期限在 5 年以上（不含 5 年）的贷款，自营贷款期限最长一般不得超过 10 年，超过 10 年应当报中国人民银行备案。不同的期限一般与不同的资金用途相对应，短期贷款一般用于日常经营流动资金需求，中、长期贷款可用于固定资产购建、并购等重大资本性支出项目，银行出于风险控制考虑，一般对企业发放长期贷款态度非常慎重。不能按期归还贷款的，借款人应当在贷款到期日之前，向贷款人申请贷款展期。是否展期由贷款人决定。短期贷款展期期限累计不得超过原贷款期限，中期贷款展期期限累计不得超过原贷款期限的一半，长期贷款展期期限累计不得超过 3 年。

根据贷款担保方式，可分为信用贷款、担保贷款和票据贴现。信用贷款，指无须提供担保而以借款人的信誉发放的贷款；担保贷款，包括保证贷款、抵押贷款、质押贷款，按担保法规定，通过第三人承诺在借款人不能偿还贷款时按约定承担一般保证责任或者连带责任，以借款人或第三人的特定财产作为抵押物，或者以借款人或第三人的特定动产或权利作为质物发放的贷款；票据贴现，指贷款人以购买借款人未到期商业票据的方式发放的贷款。贷款人原则上应当提供担保，但经过评估，资信良好的也可以不提供担保。

三、贷款利率及偿还本息方式

中国人民银行对各期限、类别的银行贷款基准利率进行公布和根据社会经济及宏观政策变化调整，各商业银行在贷款基准利率上根据自身情况进行一定上浮或下浮。

各银行根据市场需求和自身特点设计了各种贷款本息收取方式，短期贷款一般采取"一次性还本付息"，而中、长期贷款除"一次性还本付息"外，还有"按期付息，到期还本""等额本息""等额本金"等各种方式。一次性还本付息，是指借款人在贷款期限届满时归还本金和全部利息的还款方式，一般适用于贷款期限较短，或者借款人预期在贷款期间内没有可用于归还贷款的现金流入，在贷款期满时将一次性产生大量现金流入足以偿付全部本息的情况。"按期付息，到期还本"，是指借款人按照年或月等相同间隔的期间支付相应期间的贷款利息，在贷款期限届满时一次性归还全部本金和最后一期利息的还款方式，适用于借款人在贷款期限内逐步取得的现金流入只够偿付利息，而到期后将产生可用于归还本金的大额现金流入的情况。等额本息，是指按照"实际利率法"把贷款的本金总额与利息总额平均分摊到还款期限的每个期间中，借款人每期以相等的金额偿还贷款本息，适用于借款人预期在贷款期限内可取得稳定的现金流入，足以归还当期利息和部分本金，从而在贷款期满时将全部本息清偿完毕的情况。等额本金，是指将全部本金平均分摊到贷款期限内，借款人每期支付当期利息和相同比例的本金，从而在贷款期满时将全部本息清偿完毕的情况，由于本金余额不断减少，各期利息逐步下降，因此这种方式下各期偿还本息总额呈逐步递减的趋势，适用于借款人逐期取得的现金流入金额较大，希望尽快偿付较多本金，或者预期未来现金流入会逐步减少的情况。部分贷款合同约定借款人提前清偿本金不构成违约，即赋予了借款人在资金富余、市场利率水平下降（固定利率贷款）或预期利率将提升（浮动利率贷款）时提前还款的权利，有利于借款人更灵活地安排资金。根据民法典，银行应根据借款使用期限计算利息，"借款的利息不得预先在本金中扣除"（俗称"砍头息"）。

四、申请贷款的条件

《贷款通则》对借款企业的条件做了原则性的规定，借款企业应在我国工商行政管理机关依法登记设立，具备产品有市场、生产经营有效益、不挤占挪用贷款资金、恪守信用，并符合以下条件：

（1）有按期还本付息的能力，原应付贷款利息和到期贷款已清偿；没有清偿的，已经做了贷款人认可的偿还计划。

（2）除自然人和不需要经工商部门核准登记的事业法人外，应当经过工商部门办理年检手续。

（3）已开立基本账户或一般存款账户。

（4）除国务院规定外，有限责任公司和股份有限公司对外股本权益性投资累计额未超过其净资产总额的50%。

（5）借款人的资产负债率符合贷款人的要求。

（6）申请中期、长期贷款的，新建项目的企业法人所有者权益与项目所需总投资的比例不低于国家规定的投资项目的资本金比例。

一般情况下，存在贷款逾期的企业，即使已经清偿，也会对信用记录和再申请银行贷款造成很大影响。企业每年需在网上提交年度报告以公示。此外，修订后的公司法已取消企业对外股权投资占净资产比例的限制，因此上述第4项要求不再适用。一般企业资产负债率保持在50%以内较为适中，超过70%的企业再申请银行贷款通常比较困难。2015年《国务院关于调整和完善固定资产投资项目资本金制度的通知》（国发〔2015〕51号）对项目资金比例总体上进行了下调，调整后各行业固定资产投资项目的最低资本金比例在20%~40%。各银行在不低于《贷款通则》基本条件基础上会根据自己情况对借款企业提出更多或更高标准要求。

在贷款用途上，只能用于与企业生产经营相关的流动资金周转、固定资产投资、并购等项目上，不得用贷款在有价证券、期货等方面从事投机经营。除依法取得经营房地产资格的借款人以外，不得用贷款经营房地产业务。依法取得经营房地产资格的借款人，不得用贷款从事房地产投机，不得套取贷款用于借贷牟取非法收入。借款企业不按照约定用途使用贷款的，应承担违约责任，银行可要求其提前偿还所有本金并支付利息。

五、贷款程序

企业从申请银行贷款到本息清偿完毕，基本程序一般包括贷款申请、信用等级评估、贷款调查、贷款审批、签订借款合同、贷款发放、贷后检查、贷款归还。其中贷款审批流程由于程序比较复杂、工作量大，一般要数月才能完成。各程序介绍如下。

（1）贷款申请：企业按中国人民银行的规定与其开立基本账户的银行建立贷款主办行关系，借款人向主办银行或者其他银行的经办机构直接提出贷款申请，应当填写包括借款金额、借款用途、偿还能力及还款方式等主要内容的借款申请书，并提供以下资料：借款人及保证人基本情况，财政部门或会计（审计）事务所核准的上年度财务报告以及申请借款前一期的财务报告，原有不合理占用的贷款的纠正情况，抵押物、质物清单和有处分权人的同意抵押、质押的证明及保证人拟同意保证的有关证明文件，项目建议书和可行性报告及贷款人认为需要提供的其他有关资料。

（2）信用等级评估：由贷款银行或委托的评估机构，根据借款人的领导者素质、经济实力、资金结构、履约情况、经营效益和发展前景等因素，综合评定借款人的信用等级。

（3）贷款调查：贷款人受理借款人申请后，对借款人的信用等级以及借款的合法性、安全性、赢利性等情况通过现场和非现场方式进行调查，核实抵押物、质物、保证人情况，测定贷款的风险度。

（4）贷款审批：贷款人根据"审贷分离、分级审批"原则，由专门的审查人员对调查人员提供的资料进行核实、评定，复测贷款风险度，提出意见，按规定权限报批。

（5）签订借款合同：银行与借款人签订书面借款合同。合同内容包括借款种类、借款用途、金额、利率、借款期限、还款方式、借贷双方的权利和义务、违约责任和双方认为需要约定的其他事项。保证人与银行签订保证合同，或保证人在借款合同上载明保证条款并签章。抵押贷款、质押贷款应当由抵押人、出质人与银行签订抵押合同、质押合同，需要办理登记的，应依法办理登记。

（6）贷款发放：银行按借款合同规定的期限发放贷款，借款人按合同约定用款使用贷款。

（7）贷后检查：贷款发放后，银行在整个贷款期限内通过定期或不定期的现场及非现场监测，对借款人执行借款合同情况及借款人的经营情况进行持续追踪调查和检查。

（8）贷款归还：借款人按照借款合同规定按时足额归还贷款本息。逾期偿付的应支付罚息并记入信用记录。不能按期归还贷款的，借款人应当在贷款到期日之前，向贷款银行申请贷款展期。

流动资金贷款，是指贷款人向借款人发放的用于借款人日常生产经营周转的本外币短期贷款。流动资金贷款是一般企业接触最多的贷款形式，通常由借款人申请，开户银行根据借款人的资信状况和营运资金需求，确定借款人的流动资金授信总额，借款人在累计流动资金借款余额不超过授信额度的前提下，可随时向授信银行申请流动资金贷款。根据流动资金周转的特点，流动资金贷款一般每笔贷款期限不超过 1 年，可以滚动使用。银行授予信用额度及发放流动资金贷款，可以根据企业资信状况采取信用贷款的模式，也可能要求企业提供相应的保证、抵押或质押。对于采取企业集团形式的企业，原则上贷款银行对集团进行统一授信管理。流动资金贷款不得用于固定资产、股权等投资，不得用于国家禁止生产、经营的领域和用途。具有以下情形之一的流动资金贷款，原则上应采用受托支付方式由贷款银行直接将款项支付给借款人的供应商：与借款人新建立信贷业务关系且借款人信用状况一般、支付对象明确且单笔支付金额较大、贷款人认定的其他情形。贷款银行通过借款合同的约定，要求借款人指定专门资金回笼账户并及时提供该账户资金进出情况。

六、主要的几类贷款业务

固定资产贷款，是指贷款人向借款人发放的用于固定资产投资的本外币中长期贷款，目前最常见的是房地产开发贷款。固定资产贷款应遵守国家关于项目资本金比例要求，实际上目前根据国家宏观调控政策对房地产开发贷款总额度收紧，房地产开发企业直接从银行取得新贷款已经难度非常大。固定资产贷款一般会要求借款人将使用贷款投资的固定资产质押给银行，企业如购置大型专用设备，由于资产缺乏流动性难以变现，通常难以申请固定资产贷款，因此通常采用融资租赁方式。贷款对外支付单笔金额超过项目总投资 5% 或超过 500 万元的贷款资金支付，应采用贷款银行受托支付方式。

并购，是指境内并购方企业通过受让现有股权、认购新增股权，或收购资产、承接债务等方式以实现合并或实际控制已设立并持续经营的目标企业或资产的交易行为。并购贷款，是指商业银行向并购方或其子公司发放的，用于支付并购交易价款和费用的中长期贷款。商业银行对并购贷款进行风险评估时要全面分析战略风险、法律与合规风险、整合风险、经营风险以及财务风险等，并购贷款涉及跨境交易的还应分析国别风险、汇率风险和资金过境风险等。行业监管部门对并购贷款的规模进行了限制，商业银行全部并购贷款余额占同期本行一级资本净额的比例不应超过50%，对单一借款人的并购贷款余额占同期本行一级资本净额的比例不应超过5%。并购交易价款中并购贷款所占比例不应高于60%，实践中多数银行将贷款比例限制在40%~50%。并购贷款期限一般不超过7年。申请并购贷款要求借款人提供充足的能够覆盖并购贷款风险的担保，包括但不限于资产抵押、股权质押、第三方保证等，对于实践中较多采用的目标企业股权质押担保，商业银行采用更为审慎的方法评估其股权价值和确定质押率。并购方自筹资金已足额到位和并购合规性条件已满足时才能放款，商业银行进行资金流向监控，确保贷款资金不被挪用。

案例　艾派克并购利盟国际

知名的打印机耗材生产商珠海艾派克科技

股份有限公司运用并购贷款、股权私募、大股东借款、股权质押借款、私募可交换债等组合融资方式，成功并购了美国打印机巨头利盟国际（Lermark）。

（1）艾派克现金出资11.9亿美元，占比51.18%，与股权私募机构共同成立了作为合并主体的子公司，实现股权融资11.3亿美元。

（2）艾派克出资的11.9亿美元中，1.08亿美元为自有资金，10.82亿美元来自控股股东赛纳科技的借款，而赛纳科技的资金中只有2.94亿美元为自有资金，其余7.88亿美元系通过质押艾派克股份来发行私募可交换债募集。

（3）交易的剩余款项将由银行贷款取得，中国银行和中信银行出具了共计授信15.83亿美元的并购贷款承诺函，由大型国有银行牵头组织银团为本次交易提供并购贷款。

通过以上设计，并购资金最终来源情况见表1-1。

表1-1　并购资金来源

资金来源	金额（亿美元）	占比（%）
艾派克自有资金	1.08	2.77
赛纳科技自有资金	2.94	7.53
私募股权融资	11.30	28.95
私募可交换债融资	7.88	20.19

资金来源	金额（亿美元）	占比（%）
银行并购贷款	15.83	40.56
合计	39.03	100.00

整个交易金额约 40 亿美元，使用艾派克及其控股股东赛纳科技的自有资金合计仅 4.02 亿美元，通过组合融资解决了近 90% 的并购资金需求，其中并购贷款融资提供了约 40% 的并购资金。

个人贷款，是指银行向符合条件的自然人发放的用于个人消费、生产经营等用途的本外币贷款。实践中，一些小微企业本身资金需求量只有几百万元甚至几十万元，以企业名义申请贷款手续烦琐难度很大，而个人申请贷款却比较简单且额度够用，经营者就索性以个人名义向银行申请贷款。这里最需要关注两个核心问题：一是个人信息真实性；二是贷款用途真实性。个人申请贷款提交的材料中，必须申报个人职业、收入、资产和负债情况等信息，这些信息直接关系到贷款申请是否能够获批以及贷款额度，一些借款人为获得较高额度而虚报信息。银行业监管部门要求商业银行"不得发放无指定用途的个人贷款"，多数个人贷款指定的用途为购房、消费等个人生活需求，而不能用于企业经营，更不能用于转贷或证券投资等。可用于生产经营的个人贷款种类相对较少、限制较多，一些借款人为了融资需要而擅自改变贷款用途。一旦贷款银行发现借款人存在以上两种情况之一时，都将追究违约责任，严重的会终止借款合同，要求借款人立刻偿还全部本息，因此违反上述规定操作将面临巨大的法律风险。个人贷款以贷款银行受托支付为原则，符合以下情形之一的，才可以由借款人自主支付：借款人无法事先确定具体交易对象且金额不超过 30 万元的；借款人交易对象不具备条件有效使用非现金结算方式的；贷款资金用于生产经营且金额不超过 50 万元的；法律法规规定的其他情形的。

七、实务要领

长期以来银行贷款主要提供给了国有企业和上市公司，中小民营企业银行贷款融资难度较大，近年来随着中央对"双创"的积极推动，一直支持鼓励银行发展中小企业贷款业务。2019 年中共中央办公厅和国务院办公厅印发《关于促进中小企业健康发展的指导意见》，要求进一步落实普惠金融定向降准政策，加大再贴现对小微企业支持力度。将支小再贷款政策适用范围扩大到符合条件的中小银行（含新型互联网银行）。将单户授信 1000 万元及以下的小微企业贷款纳入中期借贷便利的合格担保品范围。此外，为推动创新型中小科技企业的发展，落实专精特新中小企业扶持政策。2021 年 11 月，工信部发布了《关于印发为"专精特新"中小企业办实事清单的通知》，鼓励银行业金融机构围绕"专精特新"中小企业需求，量身定制金融服务方案，打造专属信贷产品、加大信贷支持力度。为了响应国家政策，多家银行已陆续出台了各类"专精特新"专属信贷产品。

从企业的角度，一方面要积极利用国家支持和优惠政策，另一方面要制定适合本企业的贷款策略：规模较小的企业可尝试与所在地的城市商业银行、农村商业银行或信用合作社等审核标准较低、机制较灵活的贷款机构建立和保持合作关系；在不存在资金短缺时也应保持和银行较密切的业务往来和经常性小额借贷关系，避免逾期和其他债务违约，建立良好信用记录；了解主要合作银行的贷款业务种类，做到"心中有数"，避免在急需用款时"临时抱佛脚"；提前了解各家银行对担保物和保证人的条件，在资金充裕时购置一些办公用房等保值增值且可以用于担保的资产，寻找贷款时有实力和意愿为自己担保的合作伙伴，为申请贷款做好物质上的准备；建立规范的企业管理制度，经营中严格遵守业务流程，特别是健全资金管理，有助于通过贷款调查和审核；贷款方式、期限与企业的资金需求和回款特点相适应，防范"短贷长投"等期限错配造成的风险等。

第三节
信托贷款

资金来源：信托公司信托计划

融资性质：债务融资

融资方式：直接融资

融资期限：中期

适用企业：各类企业

优　　势：融资金额大，受宏观政策影响较小，资金
成本中等

劣　　势：对借款主体和担保要求较高，无法满足小
额融资，募集资金到位慢，无法满足短期
或长期融资需要

实务要点：选择合作信托公司、投资项目符合要求，
担保符合要求

一、信托概述

　　信托，是指委托人基于对受托人的信任，将其财产权委托
给受托人，由受托人按委托人的意愿以自己的名义，为受益人

的利益或者特定目的，进行管理或者处分的行为，简单说就是"受人之托，代人理财"。信托公司，是指依法设立的主要经营信托业务的金融机构。

根据信托资产的不同，可分为资金信托、动产信托、不动产信托、有价证券信托、其他财产或财产权信托等，信托贷款属于资金信托的一种，即投资者与信托公司签署合同，将货币资金交给信托公司，通过专门的信托账户进行管理，由银行对该专门账户的资金收付进行托管，信托资金用于向融资企业发放贷款投资于特定经营项目。信托机构虽然作为金融中介参与融资，但不得改变资金用途，不得设立资金池，不得承诺保本保收益，不享受收益不承担投资风险，只按照信托资金的一定比例收取费用，因此仍属于直接金融范畴。基本结构如图 1-1所示。

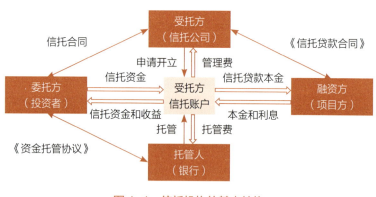

图 1-1　信托机构的基本结构

我国关于信托业的专门法律法规较少，其中最主要的包括规范信托关系的基本法——《中华人民共和国信托法》，规范管理信托公司的《信托公司管理办法》，对信托公司进行风险监管的《信托公司净资本管理办法》，规范集合资金信托计划的《信托公司集合资金信托计划管理办法》等。2018年"一行两会"和外汇管理局共同发布的《关于规范金融机构资产管理业务的指导意见》是关于信托计划的重要规范文件。

二、信托业务实务

　　信托公司作为牌照类金融机构，需要取得银保监会颁发的经营许可证，设立信托机构要求注册资本最低限额为3亿元实缴货币资本，股东及高管都要通过银保监会的资格审查。信托公司应当与客户签署书面合同，管理运用或处分信托财产的主要方式包括投资、出售、存放同业、买入返售、租赁、贷款等，资金信托是信托公司最主要的业务，信托资金主要的使用方式之一就是投资或贷款。信托公司应当将信托财产与其固有财产分别管理、分别记账，并将不同委托人的信托财产分别管理、分别记账，资金信托基本都采取开立专门信托账户并由银行作为托管人进行资金监管的方式，以保障信托资金与信托公司自有资金或其他信托产品资金隔离以及按照约定用途使用和收回，防止资金挪用。

　　集合资金信托计划应当符合以下要求：委托人为资产或收入达到规定标准的自然人或机构合格投资者；参与信托计划的委托人为唯一受益人；单个信托计划的自然人人数不得超过50人，但单笔委托金额在300万元以上的自然人投资者和合格的机构投资者数量不受限制；信托期限不少于 1 年；信托资金有明确的投资方向和投资策略，且符合国家产业政策以及其他有关规定；信托受益权划分为等额份额的信托单位；信托合同应约定受托人报酬，除合理报酬外，信托公司不得以任何名义直接或间接以信托财产为自己或他人牟利；中国银行业监督管理委员会规定的其他要求。

信托贷款可以通过专项资金信托计划或者集合资金信托计划实施，专项资金信托计划是指信托计划的委托人为单一主体的资金信托计划，通过专项资金信托计划进行的贷款与通过银行进行的委托贷款基本原理类似。集合资金信托计划是指将两个以上（含两个）委托人交付的资金进行集中管理、运用或处分的资金信托计划，属于非公开募集资金的金融产品，本节主要对集合资金信托贷款进行介绍。

信托公司一般依托于大型银行或金融控股公司，拥有一大批高净值客户，募资能力较强，集合资金信托单个产品规模一般都在 1 亿元以上，可以满足规模较大的融资。信托相对于银行贷款来说，受到国家政策影响较小，较长时间以来作为"影子银行"向房地产等受到国家宏观调控影响，难以取得银行贷款的行业提供资金支持，包括投资人利息和信托公司收益在内的企业信托贷款综合资金成本多在 10%~15%，高于银行贷款，但比融资租赁、小贷公司借款等债务融资方式的成本低。信托公司风控比较严格，对借款主体、资金用途及担保都有较高要求，另外信托公司的贷款规模存在不得超过所有信托计划实收余额 30% 的限制，一般只向以比较优质的地产进行抵押或者以央企、上市公司或大型企业集团作为借款主体或担保人的项目放款。信托行业的经营特点决定了基本不投资小项目，未达到数千万元融资规模的项目几乎不可能取得信托资金。信托产品的基本模式是先确定项目再发产品，因此信托公司在审核企业融资申请时要对企业情况和项目情况进行尽职调查，内部审核通过后要制作募集文件向特定的合格投资者募集资金，资金到位后才能向企业放款，因此周期较长。信托产品期限不少于 1 年，同时由于信托投资风险比银行存款高，投资者一般也不会接受长期投资，因此一般期限都在 1~3 年，只能满足中期资金需求。

📖 案例 长安信托-天骄 10 号中小企业发展集合资金信托计划

长安国际信托股份有限公司于 2014 年在西安市发行设立长安信托-天骄 10 号中小企业发展集合资金信托计划。发行总规模 4250 万元，信托总期限 1 年，预计收益率 8.8%，投资起点为 50 万元，信托计划募集的资金用于向鄂尔多斯市 5 家中小企业发放流动资金贷款。鄂尔多斯市投资担保有限公司与受托人签署保证合同，为借款企业履行借款合同项下的义务提供连带责任保证，并按照担保本金 10% 的数额向受托人缴存保证金。信托计划单位设置次级信托单位，由鄂尔多斯市中小企业创业投资有限公司认购，且优先级信托单位与次级信托单位比例不低于 3 ∶ 1。

该信托计划的特点：（1）信托交易结构简单，属于工商企业贷款类信托计划，产品结构成熟，设有结构化投资人。（2）交易主体优质，融资方为鄂尔多斯市通过信托公司审核的优质中小企业，财务情况较为优秀，近几年赢利能力较好，经营活动现金流基本为正，资信良好。（3）认购起点低，信托计划发行总规模 4250 万元，项目发行主要面向 50 万元以上的小额投资人。（4）还款有保障，由鄂尔多斯市中小企业创业投资有限公司认购次级信托单位，并由鄂尔多斯市投资担保有限公司提供连带责任保证，两家公司实际控制人均为鄂尔多斯市国资委。

实践中，企业拟通过信托贷款方式融资，应首先做好融资主体和融资项目评估，确保在资信状况、投资方向、融资规模、融资期限等方面能够满足信托贷款要求。在选择合作的信托公司时，首要条件是能够满足该信托公司的审核标准，其次是该信托公司具有较强的募集能力，最后是看利率和手续费水平。为通过审核和顺利募资，应提供信托公司认可的抵押物或担保人。

第四节
金融租赁

资金来源：金融融资公司

融资性质：债务融资

融资方式：间接融资

融资期限：长期

适用企业：设备投入大的重资产企业

优　　势：减少设备占压资金，融资周期长，融资金额大

劣　　势：融资成本较高，税负较重

实务要点：作为长期借款的替代方案，保障充足现金流支付租金

金融租赁，是承租企业通过融资租赁方式向金融租赁公司融资的行为，其法律性质、基本原理和特征与融资租赁相同，区别见表1-2。

我国关于金融租赁公司的主要规范性文件是银监会公布的《金融租赁公司管理办法》，对金融租赁公司的设立条件、业务范围、经营规则和监督管理等做出了较全面的规范。综上，对中小企业来说，金融租赁公司的审核比融资租赁公司更加严

格，融资难度更大。

表 1-2　融资租赁与金融租赁对比

项目	融资租赁	金融租赁
出租方	融资租赁公司	金融租赁公司
主管部门	商务部门	银保监会
设立条件	对股东、发起人无特殊要求	发起人中至少有一家为境内外商业银行、境内大型制造业企业或境外融资租赁公司等银保监会认可的机构
资金来源	股东出资、贷款	股东出资、贷款、境外借款、同业拆借、吸收非银行股东 3 个月（含）以上定期存款
经营侧重点	租赁物管理，虽有融资性质但属于非金融机构，一般侧重于某类租赁物领域的业务	资金管理，作为金融机构主要侧重点在于合理融入和使用资金，控制风险并取得收益
风险管理	按照非金融企业标准，相对宽松	按照金融机构标准，非常严格
财税政策	不享受财政部关于印发《金融企业呆账准备提取管理办法》的通知的政策待遇	享受财政部关于印发《金融企业呆账准备提取管理办法》的通知的政策待遇

第五节
企业债

资金来源：债券持有人

融资性质：债务融资

融资方式：直接融资

融资期限：中、长期

适用企业：不同债券适用于不同企业

优　　势：资金成本较低，可选择种类较多，流通机制较完善

劣　　势：对投资项目要求较高，对企业资质和担保要求较高，融资工作周期较长

实务要点：选择适合方式，确定投资项目和增信方式，做好申请审核和发行工作

一、企业债券概述

企业债券，是指经国家发改委审核批准，境内具有法人资格的企业（以下简称"企业"），由具备企业债券承销资格的金融机构作为承销商，在境内向合格投资者公开发行，期限在 1

年以上，按照约定支付利息并归还本金，达到规定条件可在证券交易所或银行间债券市场交易的有价证券。

二、企业债券发行条件

根据现行规定，企业公开发行债券的基本条件为：

（1）股份有限公司的净资产不低于 3000 万元，有限责任公司和其他类型企业的净资产不低于 6000 万元。

（2）累计债券余额不超过企业净资产（不包括少数股东权益）的 40%。

（3）最近 3 年可分配利润（净利润）足以支付企业债券 1 年的利息。

（4）筹集资金的投向符合国家产业政策和行业发展方向，所需相关手续齐全。用于固定资产投资项目的，应符合固定资产投资项目资本金制度的要求，原则上累计发行额不得超过该项目总投资的 60%。用于收购产权（股权）的，比照该比例执行。用于调整债务结构的，不受该比例限制，但企业应提供银行同意以债还贷的证明；用于补充营运资金的，不超过发债总额的 20%。

（5）债券的利率由企业根据市场情况确定，但不得超过国务院限定的利率水平。

（6）已发行的企业债券或者其他债务未处于违约或者延迟支付本息的状态。

（7）最近 3 年没有重大违法违规行为。

三、企业债券的发行审核及承销

根据债券担保方式分类，企业可以发行无担保信用债券、资产抵押债券或第三方担保债券。对于资产负债率较高的企业，国家发改委在审核过程中会进行重点关注，通过审核难度较大。企业债券的发行规模较大，一般在数亿元至数十亿元之间。企业发行债券应当聘请具备资质的机构进行信用评级，在债券存续期间每年还需要进行跟踪评级，包括对发行人的主体信用评级和对债券的债项信用评级，在主体信用评级较低的情况下可以通过提供担保物或信用评级较高的担保方增信来提高债项信用评级，主体信用评级低于 AA- 的，应当采取抵押或第三方担保等措施，债项评级一般为 AA 以上，至少高于 AA- 才能通过发行审核。对于国家重点支持范围的发债申请以及信用等级较高、偿债措施较为完善及列入信用建设试点的发债申请，国家发改委将加快审核，并适当简化审核程序，小微企业增信集合债券和中小企业集合债券均属于国家重点支持范围。在证券交易所或银行间债券市场交易可以增加债券流动性，不仅可以使债券更容易销售，还能够降低通过市场化询价确定的债券利率，但一般要求债项评级达到 AA 以上。企业债券发行应由具备承销资格的金融机构（一般为银行或券商）担任承销商，主承销商应对发行人的基本情况、经营情况、治理情况、财务情况、信用情况、募集资金使用情况、增信情况等进行全方位的实地尽职调查，编制《尽职调查报告》并协助发行人制作《募集说明书》等申报材料，配合和协助完成发行审核，对于超过 5000 万元以上的债券发行，一般会由主承销商牵头、副主承销商和分销商参加，组成承销团销售。

债券利率在国家允许的范围内根据市场化询价确定，对于信用等级较高的债券，综合融资成本可以比银行贷款更低。发行募集资金应当存入募集资金专门账户，由担任受托管理人的银行进行监管。债券筹集资金必须按照核准的用途，用于本企业的生产经营，不得擅自挪作他用。不得用于弥补亏损和非生产性支出，也不得用于房地产买卖、股票买卖以及期货等高风险投资。闲置的部分债券资金，在坚持财务稳健、审慎原则的前提下可以用于保本投资、补充营运资金或符合国家产业政策的其他用途。

四、企业债券融资的特征

公开发行和直接融资的方式，对信用评级、资金用途的严格要求以及在银行间债券市场或交易所流通的机制，使企业债券成为一种综合成本很低的债务融资方式，能够较好满足企业中长期资金需求。同时，发行企业债券必须通过国家发改委审核，对企业资质和担保要求较高，规模、资信状况不够好的企业以及轻资产、高负债率而没有合适担保机构的企业无法通过发行债券融资。发债对投资项目要求较高，必须符合国家产业政策，固定资产投资必须取得立项备案或批复、通过环境影响评估、落实项目用地等。从前期沟通协调工作，到聘请主承销商进行尽职调查、制作申报文件、通过发行审核到发行承销和募集资金到位，历时数月甚至 1 年以上，融资工作周期较长，难以满足企业急迫需要。

由于企业债券发行上市对企业主体评级和债项评级要求较高，累计债券余额不超过净资产的 40%，且企业债券每次发行募集金额较大，一般至少数亿元，因此只有规模较大，至少有几亿元净资产且赢利情况较好的企业才具备独立发行债券的条件，而大多数中小企业是无法达到这个门槛的，目前发债主体以国企为主，民企比例较低。

五、中小微企业发行债券的特殊方式

为鼓励中小微企业发展，国家对小微企业增信集合债券和中小企业集合债券给予了重点政策支持，包括审核流程简化、由国有投融资平台提供担保或作为发行人募集资金、提供贴息等，因此中小微企业虽然不能独立发债，但仍可以通过这两种方式参与企业债券融资。

（一）中小企业集合债券

对于符合企业债券基本发行条件，但规模较小、主体资信评级较低的中小企业，可以采取中小企业集合债券的形式，联合发行企业债券直接融资。中小企业集合债券是为了支持中小企业债券融资，由同一区域内多家符合企业债券发行基本条件的中小企业共同作为发行人联合发行债券，通过资信评级较高的机构作为担保机构，由具备企业债券承销资格的金融机构作为承销商，以合格投资者作为发行对象，通过公开发行企业债券募集资金，并将募集资金按照事先确定的金额和比例分别投资于各发行人的投资项目，并由各发行人按分得募集资金的比例还本付息的融资方式。基本模式如图 1-2 所示。

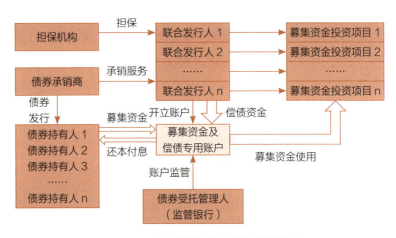

图 1-2　中小企业集合债券的基本模式

　　这种方式适合于虽符合基本发行条件，但体量和募集资金金额较小的中小企业，通过捆绑发债和担保增信，在信用评级和募集资金规模上达到发行企业债券的通常水平。发债企业一般处于同一区域，因此多见于中小企业较为集中且发展情况较好的地区和大型产业园区，由一两家核心企业牵头，取得政府通过平台公司担保和通过银行贴息等支持，聘请券商、律师、会计师、评级机构、评估机构等中介机构，数家企业联合发债。

📋 案例 　湖南省中小企业集合债券

　　2015 年 1 月 26 日，由湖南省金融办牵头，湖南中铁五新钢模有限责任公司等 7 家企业作为发行人，大通证券作为主承销商，发行债券总额 3.22 亿元，债券期限为 6 年，第 3 年末附发行人调整票面利率选择权及投资者回售选择权，票面利率为 8.80%，通过承销机构发行网点向境内机构投资者公开发行，债项评级为 AA+。全部债券由湖南担保有限责任公司承担连带保证责任。

　　通过发行集合债券，同时解决了多家中小企业的融资，此类债券一般都需要由政府背景的担保机构进行担保，才能够使债项评级达到要求。

（二）小微企业增信集合债券

　　对于小微企业而言，自身无法达到发行企业债券的基本条件，因此也无法联合其他企业发行中小企业集合债券，但仍可以通过小微企业增信集合债券间接融资。小微企业增信集合债券（简称"小微债"）是为了支持小微企业发展，由地方政府融资平台作为债券发行人，由券商等具备企业债券承销资格的金融机构作为承销商，以合格投资者作为发行对象，通过公开发行企业债券募集资金，并将全部募集资金通过作为债券受托管理人的商业银行向符合条件的当地小微企业发放委托贷款的融资方式。基本模式见图 1–3。

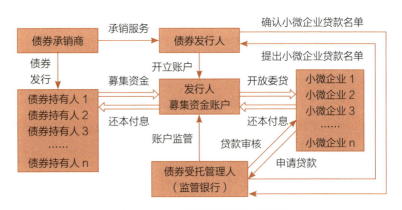

图 1-3 小微企业增信集合债券

　　中小微企业申请小微债委托贷款，首先必须以当地发行小微债为前提条件，同时申请企业应当符合中型、小型、微型企业划型标准规定，所在行业符合国家产业政策，与发行人无隶属、代管或股权关系，在募集资金委贷银行中无不良信用记录，还包括现阶段商业银行对信用贷款对象提出的其他条件。根据小微债的定位，对每个企业获取资金的金额和比例有较为严格的上限，单个委贷对象发放的委贷资金累计余额不得超过1000万元且不超过小微债募集资金规模的3%，同一控制人下的企业，合计获得的委贷资金不得超过上述规定数额和比例。拟贷款企业需向监管银行提出申请，监管银行审核后初步确定小微企业名单，由发行人最终书面确定。由此可见，小微债是专门针对小微企业小额资金需求设立的，适用于企业融资金额不足1000万元的情况，由于增加了委贷手续费，其综合融资成本比直接发行债券融资略高，但对小微企业来说仍不失为一种成本很低的债务融资方式。

✍ 案例　2017 年焦作市投资集团有限公司小微企业增信集合债券

焦作市投资集团有限公司作为发行人，国泰君安证券作为主承销商，发行债券总额 4.9 亿元，债券期限为 4 年，第 3 年年末附发行人调整票面利率选择权及投资者回售选择权，票面利率为 6.09%。通过承销机构发行网点向境内机构投资者公开发行和在上海证券交易所市场向机构投资者协议发行，债项评级为 AA。

通过发行小微企业增信集合债券募集资金专项用于小微企业委托贷款，使小微企业以间接方式使用企业债券募集资金，对小微企业发展发挥了积极的作用。

六、实务要领

综上，企业首先应根据自身规模实力、财务指标和信用记录确定是否具备通过企业债融资的条件，是直接独立发债，还是通过小微企业增信集合债券或中小企业集合债券募资，然后确定符合条件的募集资金投资项目，除了非常优质的企业外，一般应通过充足的资产抵押和主体信用等级较高的第三方担保进行增信，具备上述条件后还需充分做好与政府的沟通协调工作争取支持，聘请适合的中介机构团队做好申请审核及发行工作。

七、企业债券与公司债券的比较

公司债与企业债所反映的法律关系相同，在发行主体、发行条件、发行程序和流通方式上也比较类似，债券期限以及类似企业的债券利率也比较接近，主要区别是审批机关和交易场所不同，企业可根据自身需要来选择。企业债与公司债的基本要素比较见表1-3。

表 1-3　企业债与公司债的基本要素比较

项目	企业债	公司债
发行人	有限公司或股份公司，实践中非上市公司较多	有限公司或股份公司，实践中上市公司较多
发行条件	《中华人民共和国企业债券管理条例》第十二条	《中华人民共和国证券法》第十五条；《公司债券发行与交易管理办法》第十四条、第十五条
债券期限	1年以上	1年以上
发行方式	公开发行	一般为公开发行，也可以非公开发行
审批机关	国家发改委	中国证监会
承销机构	银行、券商等	券商
交易场所	证券交易所、银行间债券市场	证券交易所、中小企业股份转让系统；非公开发行的还可在机构间私募产品报价与服务系统、证券公司柜台转让
投资者	在证券交易所流通的，机构和个人均可购买；在银行间债券市场流通的，符合条件的机构可购买	机构和个人合格投资者均可购买，符合规定条件的可以向公众投资者发行

第六节
私募债

资金来源：债券持有人

融资性质：债务融资

融资方式：直接融资

融资期限：中、长期

适用企业：未上市中小微企业

优　　势：资金成本较低，转让平台成熟

劣　　势：投资者范围限制严格、市场因素推高发行
条件

实务要点：选择适合方式，确定投资项目和增信方
式，做好申请审核和发行工作

一、私募债概述

私募债，即非公开发行的公司债券，主要包括中小企业私
募债和并购重组私募债。私募债只能向合格投资者发行，且每
期投资者数量合计不得超过 200 人，私募债基本法律依据和公
开发行公司债券一样，都是证券法和《公司债券发行与交易管

理办法》。中小企业私募债是指中小微企业在中国境内以非公开方式发行和转让，约定在一定期限还本付息的公司债券，主要法律依据有上海和深圳证券交易所分别制定的《中小企业私募债券业务试点办法》、中国证券业协会发布的《证券公司开展中小企业私募债券承销业务试点办法》等。并购重组私募债是指在中国境内注册的公司制法人为开展并购重组活动，在中国境内以非公开方式发行和转让，约定在一定期限还本付息的公司债券，主要法律依据是中国证券业协会发布的《并购重组私募债券试点办法》，以及上海和深圳证券交易所分别制定的《关于开展并购重组私募债券业务试点有关事项的通知》。

二、中小企业私募债

试点期间，中小企业私募债发行人限于符合工信部规定，且未在我国证券交易所上市的中小微型企业，暂不包括房地产企业和金融企业。

其他发行条件包括：

（1）发行人是中国境内注册的有限责任公司或者股份有限公司。

（2）发行利率不得超过同期银行贷款基准利率的 3 倍。

（3）期限在 1 年（含）以上。

（4）证券交易所规定的其他条件。

参与私募债券认购和转让的合格机构投资者，应当符合下列条件：

（1）经有关金融监管部门批准设立的金融机构，包括商业银行、证券公司、基金管理公司、信托公司和保险公司等。

（2）上述金融机构面向投资者发行的理财产品，包括但不限于银行理财产品、信托产品、投连险产品、基金产品、证券公司资产管理产品等。

（3）注册资本不低于1000万元的企业法人。

（4）合伙人认缴出资总额不低于5000万元，实缴出资总额不低于1000万元的合伙企业。

（5）经证券交易所认可的其他合格投资者。

上海证券交易所还允许个人投资者参与认购和转让，但应当符合下列条件：

（1）个人名下的各类证券账户、资金账户、资产管理账户的资产总额不低于500万元。

（2）具有2年以上的证券投资经验。

（3）理解并接受私募债券风险。

另外，发行人的董事、监事、高级管理人员及持股比例超过5%的股东，可参与本公司发行私募债券的认购与转让，承销商可参与其承销私募债券的发行认购与转让。

私募债的发行应当由证券公司承销，发行前将《募集说明书》和其他备案材料在拟进行信息披露和转让的证券交易所备案，在取得备案后6个月内完成发行。2个或2个以上的发行人可以采取集合方式发行私募债券。在新三板挂牌的发行人还可以依法为私募债券设置附认股权或可转股条款。

发行后，发行人应当在中国证券登记结算有限责任公司办理登记。发行人申请私募债券在证券交易所转让的，应当提交相关材料，并在转让前与证券交易所签订《私募债券转让服务协议》，合格投资者可通过证券交易所的固定收益证券综合电子平台或证券公司进行私募债券转让，转让后的投资者仍不得超过 200 人。

私募债存续期间，应当按照规定进行信息披露。发行人应当为私募债持有人聘请私募债券受托管理人，受托管理人可由该次发行的承销商或其他机构担任，为私募债发行提供担保的机构不得担任该私募债的受托管理人。受托管理人应制定私募债券持有人会议规则，在规定的情形下应当召开私募债券持有人会议。发行人应当设立偿债保障金专户，用于兑息、兑付资金的归集和管理。

案例　四川华西绿舍建材有限公司 2019 年非公开发行公司债券（第一期）

四川华西绿舍建材有限公司作为发行人，由开源证券作为主承销商，于 2019 年 10 月 29 日完成非公开发行公司债券，并于 2019 年 11 月 7 日起在上海证券交易所交易市场固定收益证券综合电子平台挂牌，债券简称"19 绿舍 01"，发行总额 3 亿元，期限 5 年，票面年利率 7%，未进行主体评级和债项评级。发行人基本财务指标如表 1-4 所示。

表 1-4 19 绿舍 01 发行人基本财务指标

单位：千万元

项目	2019 年 3 月 31 日 / 2019 年 1 月—3 月	2018 年 12 月 31 日 / 2018 年度	2017 年 12 月 31 日 / 2017 年度
总资产	30.08	29.61	24.41
净资产	7.09	6.74	5.85
营业收入	9.77	31.35	19.74
净利润	0.30	0.85	0.58

在当年我国发行的中小企业私募债中，本案例具有以下特征：(1)发债主体为民营企业；(2)募集资金金额较少；(3)发行人赢利能力较低；(4)未进行信用评级。

三、并购重组私募债

并购重组私募债与中小企业私募债都是由非上市公司采取非公开方式发行，具有较多相同或相似之处，最主要的区别是募集资金用途不同，同时在监管机关、发行条件、合格投资者条件、转让场所等方面也存在一定差别。

并购重组私募债的转让场所除了上交所或深交所外，还可以是机构间私募产品报价与服务系统（简称"报价系统"）。并购重组私募债在报价系统进行发行、转让业务的，由中国证券业协会进行自律管理，中证资本市场发展监测中心有限责任公司（简称"市场监测中心"）负责日常管理。

在上交所、深交所或报价系统发行并购重组私募债，应当符合下列条件：

（1）发行人是中国境内注册的有限责任公司或股份有限公司，暂不包括沪深交易所上市公司。

（2）募集资金用于支持并购重组活动，包括但不限于支付并购重组款项、偿还并购重组贷款等。

（3）发行利率不得超过同期银行贷款基准利率的4倍。

（4）中国证监会、证券业协会规定的其他条件。

试点初期，证券业协会重点支持符合国家政策导向的重点行业公司发行并购重组私募债。发行前承销机构应当根据转让场所将《募集说明书》和其他备案材料向上交所、深交所或市场监测中心申请备案，经备案的并购重组私募债，可以在上交所、深交所或报价系统转让。

参与并购重组私募债认购和转让的合格投资者应当符合下列条件之一：

（1）经有关金融监管部门批准设立的金融机构，包括银行、证券公司、基金管理公司、信托公司和保险公司等。

（2）前项所述金融机构面向投资者发行的理财产品，包括但不限于银行理财产品、信托产品、投连险产品、基金产品、证券公司资产管理产品等。

（3）合格境外机构投资者、人民币合格境外机构投资者。

（4）在行业自律组织备案或登记的私募基金及符合第5、第6项条件的私募基金管理人。

（5）注册资本不低于1000万元的企业法人。

（6）合伙人认缴出资总额不低于 5000 万元，实缴出资总额不低于 1000 万元的合伙企业。

（7）经上交所、深交所或证券业协会认可的其他合格投资者。

在深交所或报价系统转让的并购重组私募债投资者只限于机构投资者。

并购重组私募债是否聘请受托管理人及受托管理人的职责应当在募集说明书中说明。未聘请受托管理人的，应当由承销机构履行一般由受托管理人承担的债券持有人权益保护事项。募集说明书中另有约定的除外。在深交所转让的并购重组私募债发行人应当为并购债持有人聘请受托管理人。

✍ **案例** **昆明市高速公路建设开发股份有限公司 2014 年并购重组私募债券**

昆明市高速公路建设开发股份有限公司作为发行人，由国泰君安证券担任主承销商的"昆明市高速公路建设开发股份有限公司 2014 年并购重组私募债券"于 2015 年 1 月 20 日正式登陆上海交易所，成为国内首单并购重组私募债券。本期债券的备案金额为 25 亿元，分两期发行，期限 5 年，首期票面年利率 6.85%，第二期票面年利率 7.50%，主体评级和债项评级均为 AA+，发行人本期并购私募债券募集资金用于收购昆明元朔建设发展有限公司 100% 的股权，完成对昆明市高速公路业务的整合。

昆明市高速公路建设开发股份有限公司通过发行并购重组私募债券，以较低成本筹集到股权收购所需资金，通过并购推动了公司业务快速发展。

四、私募债发行实践

私募债将发行人限定在非上市公司范围内，在发行条件上也比公开发行企业债或公司债宽松很多，没有对企业的财务状况和经营业绩做出过多要求，其初衷就在于帮助解决中、小微企业融资问题。早期发行的私募债确实有很多融资规模较小，不足 1 亿元的，但在市场因素影响下，证券公司为取得较高承销费并降低风险，更倾向于选择较大的企业规模和发行规模。近几年，民营企业发行的私募债中募集资金规模不足 1 亿元的在 4 家左右。从发行利率看，一般在 6%~8%，资金成本较低，且有较为成熟的转让平台，因此在非公开募集的融资方式中发行难度相对较低，但对合格投资者限制较为严格，仍不如公开发行有吸引力，同时在市场因素推动下对发行人的要求在逐步提高。企业应根据自身情况衡量是否满足发行条件，并根据募集资金用途选择合适的私募债类型，为顺利发行尽可能提供增信，聘请适合的承销商及其他中介机构做好申请审核和发行工作。

第七节
资管计划

资金来源：证券期货经营机构资管计划

融资性质：债权或股权

融资方式：直接融资

融资期限：中、长期

适用企业：各类企业

优　　势：形式灵活、融资金额弹性较大、融资成本中等

劣　　势：募资周期较长，投资时附加条件多

实务要点：选择合作机构、投资项目符合要求，提供符合要求的担保

一、资管计划概述

资管计划，即资产管理计划，是指由专业的投资机构按受客户的委托，以合同形式建立专门的管理计划，设立专门账户对客户的资产进行独立管理，所产生的收益或损失由客户享有和承担，受托机构收取管理费的业务形式。根据资管计划中客

户的数量，分为针对单一客户的单一资产管理计划和针对多个客户的集合资产管理计划。

从基本法律关系看，资管计划中的委托人和受托人也属于信托关系，和信托计划一样受到信托法规范，同时资管计划和信托计划也都属于资产管理业务范畴，同样受到《关于规范金融机构资产管理业务的指导意见》约束，两者都属于非公开融资和直接融资，在基本原理、结构和规则上相同。资管计划与信托计划的区别主要有：①监管部门不同，资管计划由中国证监会监管，信托计划则由中国银保监会监管。②实施主体不同，资管计划的管理人是证券期货经营机构，包括证券公司、基金管理公司、期货公司及前述机构依法设立的从事私募资产管理业务的子公司等，而信托计划的管理人是信托公司，前者具备资质的机构数量较多，平均规模较小，后者具备资质的机构数量少，平均规模大。③产品特点不同，资管计划平均规模小于信托计划，但投资标的、投资方式更加丰富灵活。④对投资者适当性管理的具体条件不同，两者在投资者适当性上都受到资管新规约束，但在基本条件上各自有差异化的规则，信托计划限制更多，如单个信托计划中投资金额不足 300 万元的自然人人数不得超过 50 人，资管计划则没有这个限制。⑤资金投向具体限制不同，如信托贷款有不得超过该信托公司管理的所有信托计划实收余额 30% 的限制，资管计划则没有这个限制。

目前专门规范资管计划的主要法律文件是中国证监会 2023 年发布的《证券期货经营机构私募资产管理业务管理办法》，

此前证监会相关多个单项规章随该文件的生效同时废止。

二、资管计划特点和实务要领

中小企业通过资管计划募集资金的基本方式包括通过增资进行股权融资或者通过非标准化债权进行债务融资。股权融资本应属于长期融资性质，但资管计划一般都会在资管协议中与投资者约定退出期限，股权类的退出期限一般不超过 5 年，所以资管计划对企业股权投资时一般都会通过"回购"等特殊条款确保能够在资管计划到期前退出，从而变为中期"明股实债"性质的投资。

从企业的角度看，资管计划投资方式较灵活，融资金额从低到高幅度较大，能够满足不同类型企业各阶段的不同要求，综合融资成本一般略高于信托贷款而远低于向小贷公司借款，采取"明股实债"方式的，如通过企业上市或并购以股权方式退出能获取较高回报，因此回购退出的资金成本一般比直接采用债务融资要低。但是，根据融资项目设立资管计划时，融资工作周期会较长，专业的资管经营机构还会在投资协议中附加大量保护投资方而不利于融资企业的附加条款，使企业实际承担的融资成本超出预期。

企业的资金需要无法通过银行贷款或信托贷款满足时，可以考虑通过非标准化债权形式向资管计划融资；企业通过向专业投资机构股权增资时，如没有理想的私募股权投资机构参与，也可以由资管计划增资作为备选方案。但必须慎重选择资管机构，一是有实际管理资金余额可以投资的资管计划或者具备较强募集能力，二是投资条件应当公平合理，应充分理解和评估投资协议特殊条款，根据资管机构要求提供符合条件的投资项目和担保等。

第八节
资产证券化

资金来源：资产支持证券投资者

融资性质：债务融资

融资方式：直接融资

融资期限：中期

适用企业：资产可产生稳定现金流的企业

优　　势：盘活资产、融资成本较低

劣　　势：发行工作环节较复杂，资产现金流有下降风险

实务要点：提供基础资产、适当增信、选择合适的服务机构

一、资产证券化概述

资产证券化是指以基础资产所产生的现金流为偿付支持，通过结构化等方式进行信用增级，在此基础上发行资产支持证券的业务活动。根据基础资产的来源和性质不同，可分为信贷资产证券化和企业资产证券化，前者是银行类金融机构通过将

信贷类资产证券化剥离到表外并收回资金的业务，后者则是一般企业以其能产生稳定现金流的资产作为基础资产发行证券募集资金的行为，前者与中小企业融资无关，本节主要介绍后者。

企业资产证券化是指企业为融资将基础资产转移给管理人设立的特殊目的载体（Special Purpose Vehicle，SPV），使基础资产独立于融资企业、管理人和企业业务参与人的固有财产，管理人以 SPV 中基础资产的收益权为保障，向投资者非公开发行资产支持证券，所募集的资金由 SPV 专门账户收取并支付给融资方，银行作为托管人对 SPV 资金进行托管，管理人对基础资产进行管理所产生的现金流以及期满清算时基础资产处置收益通过 SPV 专门账户支付给资产支持证券持有人。基本模式如图 1-4 所示。

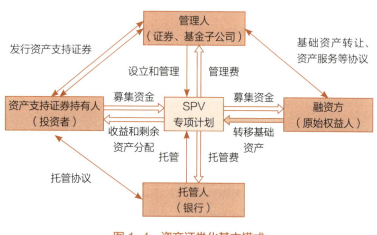

图 1-4 资产证券化基本模式

二、资产证券法相关规定

我国企业资产证券化的主管部门为中国证监会，行业自律组织为中国证券投资基金业协会，资产证券化业务经营机构为证券公司、基金管理公司子公司，SPV 的主要形式为资产支持专项计划（简称"专项计划"）。目前我国关于资产证券化最主要的法律文件为中国证监会发布的《证券公司及基金管理公司子公司资产证券化业务管理规定》和针对特定事项发布的三个《资产证券化监管问答》以及中国证券投资基金业协会制定的《资产支持专项计划备案管理办法》。

根据相关规定，开展资产证券化业务的证券公司须具备客户资产管理业务资格，基金管理公司子公司须由证券投资基金管理公司设立且具备特定客户资产管理业务资格。融资方提供的基础资产应当为符合法律法规规定，权属明确，可以产生独立、可预测的现金流且可特定化的财产权利或者财产，可以是单项财产权利或者财产，也可以是多项财产权利或者财产构成的资产组合，交易基础应当真实，交易对价应当公允，现金流应当持续、稳定，具体包括企业应收款、租赁债权、信贷资产、信托受益权等财产权利，基础设施、商业物业等不动产财产或不动产收益权等。资产支持证券向合格投资者非公开发行，投资者应符合《私募投资基金监督管理暂行办法》规定的条件，发行对象不得超过 200 人，单笔认购不少于 100 万元。托管人是指为资产支持证券持有人之利益，按照规定或约定对专项计划相关资产进行保管，并监督专项计划运作的商业银行或其他机构；基础资产的规模、存续期限应当与资产支持证券的规模、存续期限相匹配。专项计划可以通过内部或者外部信用增级方式提升资产支持证券信用等级。发行规模未达到计划说明书约定的最低发行规模，或者专项计划未满足计划说明书约定的其他设立条件，专项计划设立失败。专项计划成立后，管理人应当将相关资料报送中国证券投资基金业协会备案。专项计划应当指定资产支持证券募集资金专用账户，专项计划设立后，基础资产产生的现金流应当全额归集至专项计划账户，专项计划的货币收支活动均过专项计划账户进行，资产支持证券的收益分配应当通过登记结算机构办理。符合条件的资产支持证券可以在证券交易所、全国中小企业股份转让系统、机构间私募产品报价与服务系统、证券公司柜台市场以及中国证监会认可的其他证券交易场所挂牌，在合格投资者之间进行转让。除政府和社会资本合作（PPP）项目[①]，或者交通运输、能源、水利以及重大市政工程等基础设施外，专项计划期限原则上不超过 5 年，期满终止后由管理人进行清算，清算后剩余财产按约定向资产支持证券持有人分配。

三、收益权作为基础资产的限制

实践中，很多企业以未来经营收入类资产作为基础资产发

[①] PPP 是 public-private partnership，即公共部门与私营企业合作模式的简称。——编者注

行固定收益的 ABS，在专项计划存续期间不需要转移产生收益的资产，只需要通过权利质押等方式转移资产收益权，并以资产收益归入专项计划账户作为向投资者偿付投资本金和收益的来源。根据中国证监会对资产证券化的监管问答，以下资产可以作为资产证券化的基础资产：（1）污水处理费、垃圾处理费、政府还贷高速公路通行费等由企业或个人缴纳全额上缴地方财政，专款专用，并按照约定返还给公共产品或公共服务提供方的收益权。（2）现金流入中包含中央财政补贴的可再生能源发电、节能减排技术改造、能源清洁化利用、新能源汽车及配套设施建设、绿色节能建筑等领域的项目收益权。（3）现金流来源于 PPP 项目、国家政策鼓励的行业及领域的基础设施运营维护，或者来自从事具备特许经营或排他性质的燃气、供电、供水、供热、污水及垃圾处理等市政设施，公路、铁路、机场等交通设施，教育、健康养老等公共服务所形成的基础设施收益权。2019 年 4 月《资产证券化监管问答（三）》发布后，以下资产不得作为资产证券化的基础资产：（1）电影票款。（2）不具有垄断性和排他性的入园凭证等未来经营性收入。（3）物业服务费。（4）缺乏实质抵押品的商业物业租金（不含住房租赁）。

资产证券化监管问答对特定基础资产的收益和风险特征制定了具体标准，包括：单一信托受益权作为基础资产必须满足现金流独立、持续、稳定、可预测的要求，还应当依据穿透原则对应和锁定底层资产的现金流来源，现金流应当具备风险分散的特征，无底层现金流锁定作为还款来源的单笔或少笔信托受益权不得作为基础资产。融资租赁债权为基础资产的，管理人应特别关注风险分散程度以及信用增级情况。

四、实务要领

综上，拥有符合条件的基础资产的企业可采取资产证券化方式融资，一些资产因为权属性质无法作为抵押品申请银行贷款，而其收益权可以作为基础资产发行 ABS，从而盘活存量资产，同时 ABS 综合资金成本较低，与银行贷款类似，但也存在较复杂的前期尽职调查、审核和发行等环节，同时一般企业需要承诺在资产收益下降时支付差额，因此如果未来资产现金流大幅下降企业存在违约风险。

以 ABS 方式融资，企业首先需要有符合条件的基础资产，目前对基础资产的限制已经较为严格。同时需要承诺补偿收益差额，为顺利发行一般还需要通过第三方担保等方式增信。为顺利通过审核和以相对较低资金成本成功发行，需要寻找合适的管理人等中介机构进行合作。

🖋 案例　佳源购房尾款资产支持专项计划

2019 年 10 月 16 日，浙江佳源房地产集团有限公司（简称"佳源地产"）作为发起人和原始权益人，民生证券作为发行人和计划管理人，成立了民生－佳源购房尾款资产支持专项计划。募集资金总额为 5.3 亿元，其中优先级资产支持证券 5 亿元，向合格投资者非公开发行，票面年利率为 7.50%。次级资产支持证券为 3000 万元，由原始权益人全额认购，不参与分配收益。资产支持专项计划期限为 2 年，债项信用评级为 AAA。募集资金用于购买基础资产，即佳源地产对购房人享有的收取购房款债权。佳源地产唯一股东佳源创盛控股集团有限公司作为差额补偿人，对优先级投资者承担补足票面利率的责任。资产支持专项计划在深圳证券交易所的合格投资者中转让。

佳源地产成立于 2004 年 9 月，拥有国家房地产开发一级资质，自 2009 年以来已连续多年入围中国房地产开发百强企业。通过设立资产支持专项计划，将公司的应收购房款证券化，以较低成本有效盘活了公司资金。

第九节
中期票据和短期融资券

资金来源：银行间债券市场投资机构

融资性质：债务融资

融资方式：直接融资

融资期限：短、中期

适用企业：主体信用评级很高的企业

优　　势：融资成本低、流动性较强

劣　　势：发行条件高

实务要点：中小企业一般难以满足发行条件

一、中期票据和短期融资券概述

　　企业中期票据和短期融资券均属于非金融企业债务融资工具（简称"债务融资工具"），是指具有法人资格的非金融企业在银行间债券市场发行的，约定在一定期限内还本付息的有价证券。企业发行债务融资工具应进行主体信用评级和债项信用评级，由具备资格的金融机构承销，在中国银行间市场交易商协会注册，在中央国债登记结算有限责任公司登记、托管、结

算，并由全国银行间同业拆借中心为债务融资工具在银行间债券市场的交易提供服务。债务融资工具待偿还余额不得超过企业净资产的40%。募集资金应用于企业生产经营活动。在债权债务登记日后可在全国银行间债券市场机构投资者之间流通转让。注册有效期内企业主体信用级别低于发行注册时信用级别的，中期票据发行注册自动失效。

中期票据，是指具有法人资格的非金融企业在银行间债券市场按照计划分期发行的，约定在一定期限还本付息的债务融资工具。短期融资券，是指具有法人资格的非金融企业在银行间债券市场发行的，约定在1年内还本付息的债务融资工具。中期票据与短期融资券的发行条件以及发行、注册、流通程序基本相同，区别在于中期票据期限一般为3~10年，短期融资券为1年以内；中期票据可采取"一次注册，分期发行"的方式（即"储架发行"）。

二、相关制度和实践情况

按照相关规定，企业使用中期票据或短期融资券融资的主要法律依据是中国人民银行发布的《银行间债券市场非金融企业债务融资工具管理办法》，中国银行间市场交易商协会发布的《银行间债券市场非金融企业债务融资工具注册规则》《非金融企业中期票据业务指引》《非金融企业短期融资券业务指引》《非金融企业超短期融资券业务指引》等。

相关文件对发行条件规定比较简单，从实践情况看，中期票据和短期融资券获批的企业大部分为国资背景，民营企业较少，且主体评级都在 AA 以上，每次发行金额都在数亿元以上，发行人的营业收入都在几十亿元甚至百亿元以上，净利润都在数亿元以上，利率水平普遍比银行贷款低，其中评级较低的利率水平与银行贷款类似。因此目前只有重资产、规模大、赢利能力强、资信状况好的大中型企业才具备发行中期票据和短期融资券的条件，在相关政策放宽之前，中小企业暂时还无法参与这一市场。

第十节
票据贴现

————●————

> **资金来源**：银行类金融机构
>
> **融资性质**：债务融资
>
> **融资方式**：间接融资
>
> **融资期限**：短期
>
> **适用企业**：各类企业
>
> **优　　势**：融资成本较低、手续简便
>
> **劣　　势**：融资规模有限
>
> **实务要点**：控制法律风险，手续符合规范

一、票据贴现概述

票据贴现，指商业汇票的持票人在汇票到期日前，为了取得资金贴付一定利息，将票据权利转让给银行类金融机构的票据行为，是金融机构向持票人融通资金的　种方式。《票据法》中并未对贴现做出具体规定，票据贴现的法律依据主要是中国人民银行发布的《支付结算办法》《商业汇票承兑、贴现与再贴现管理暂行办法》《关于切实加强商业汇票承兑贴现和再贴

现业务管理的通知》，中国银监会发布的《关于加强银行承兑汇票业务监管的通知》以及最高人民法院《关于审理票据纠纷案件若干问题的规定》等。

根据贴现票据的种类可分为商业承兑汇票贴现和银行承兑汇票贴现，一般前者风险比后者高，贴息率也相对较高。根据银行在付款人拒付时是否可以向贴现人追索，可分为附追索权的贴现和不附追索权的贴现，前者银行的风险比后者低，因此贴息率也相对较低，但贴现企业却仍承担票据义务，实质上相当于以票据质押获取银行短期贷款，而后者才是真正地将票据扣除贴息后兑换为资金。

二、相关制度和实务要领

商业汇票的持票人向银行办理贴现必须具备下列条件：在银行开立存款账户的企业法人以及其他组织，与出票人或者直接前手之间具有真实的商品交易关系，提供与直接前手之间的增值税发票和商品发运单据复印件。

持票人申请贴现时，须提交的资料包括：贴现申请书，经其背书的未到期商业汇票，持票人与出票人或其前手之间的增值税发票和商品交易合同复印件。贴现银行按规定向承兑人以书面方式查询。贴现申请人未支付或未足额支付其签发商业汇票票面金额、未以商品交易为基础签发商业汇票或者以非法手段骗取金融机构贴现的，贴现人暂停对其办理商业汇票贴现业务，构成犯罪的，依法追究刑事责任。

票据贴现平均贴息率较低，且办理手续比较简便，但融资规模受到企业持有商业汇票总额的限制，在进行票据贴现时，首先要保证合规性，不得以没有真实交易背景的票据套取银行资金，同时要按规定准备符合贴现要求的申请材料。

✍ 案例　商业承兑汇票贴现

A 公司向 B 公司供货，取得期限为 6 个月、以 B 公司为付款人的 1000 万元商业承兑汇票。3 个月后，A 公司为盘活资金以该汇票向某商业银行办理附追索权的票据贴现，贴现日距票据到期日还有 90 天，年贴现率为 5%。

贴现利息 =1000×90÷360×5%=12.5（万元）

某银行扣除 90 天的贴息后向 A 公司支付贴现款 987.5 万元（即 1000 万元−12.5 万元），到期后如果 B 公司拒付，某银行可以向 B 公司（出票人）追索，也可以向 A 公司（贴现人）追索。

第十一节
信用证

资金来源：银行类金融机构

融资性质：债务融资

融资方式：间接融资

融资期限：短期

适用企业：进口类企业

优　　势：融资成本较低、银行协助审单

劣　　势：融资规模有限

实务要点：真实交易背景，取得开证行授信，合同内
　　　　　容具体详尽，尽可能使用远期信用证

一、信用证概述

信用证是指在货物或服务贸易中，申请人向银行类金融机构（开证行）缴纳保证金申请开立对相符交单予以付款的承诺凭证，开证行将凭证提交通知行通知受益人，卖方发货并向议付行提交收货单据取得款项，议付行向开证行寄单索款的结算方式。信用证产生于国际贸易，最基本的法律依据为国际商会制定的《ICC

跟单信用证统一惯例（UCP600）》，针对国内信用证，中国人民银行和银监会共同制定了《国内信用证结算办法》。

信用证关系有 4 个基本当事人，包括申请人（即付款方，一般为买方）、开证行（开立信用证的银行，在买方所在地）、议付行（开证行指定的向受益人预付或同意预付资金的银行，在卖方所在地，通常也是通知卖方付款的通知行、向信用证有效地提交单据的交单行，在加具保兑时通常为保兑行）和受益人（即收款方，一般为卖方）。具体模式如图 1-5 所示。

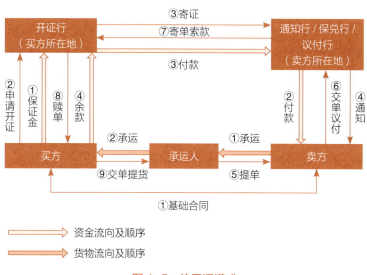

图 1-5　信用证模式

二、相关制度和实务要领

信用证结算最主要的功能是通过银行签发不可撤销的信用

证保证货款支付，通过提交取货单据保证货物交付，从而降低交易风险，保障买卖双方的权益。申请人为申请开立信用证需要向开证行缴纳一定保证金，如果未取得授信需要按照合同价款 100% 支付保证金，如果取得授信则按价款一定比例缴纳保证金即可，此时受益人收到议付行付款之后，议付行向开证行寄单索款，开证行付款后才会要求申请人支付保证金之外的货款，因此对申请人具备了短期融资的功能。

信用证按开证行付款期限分为即期信用证和远期信用证，远期信用证确定到期日的方式分为单据日后定期付款、见单后定期付款、固定日付款等，付款期限最长不超过 1 年。对于申请人来说，延迟付款的期限也在 1 年左右。信用证融资资金来源于银行，融资成本较低，属于间接融资，国际信用证融资主体为进口企业，国内信用证可为各类企业采购提供融资。除了融资功能外，信用证结算还可以通过银行审核提单保障交易安全。但是信用证业务也存在局限性，银行处理的是单据而不是单据所涉及的货物或服务，仍然无法保障货物或服务完全符合合同约定，同时信用证融资规模受到企业通过信用证方式结算的交易额和保证金比例限制，无法根据需要放大。

实践中，企业采用信用证融资，要保障交易的真实性，"受益人和开证申请人或者其他第三方串通提交假单据，而没有真实的基础交易"的，构成信用证欺诈，银行可以终止支付款项。如果没有取得授信需要全额缴纳保证金，因此企业必须保持良好的资信状况及与开证行的业务往来关系，取得授权支付较低比例保证金。为降低交易风险，企业应在贸易合同中对货物或服务种类、规格、标准等内容做尽可能具体、详尽的描述，以便使银行审单时能更好地保障买方利益。在合同中尽可能约定账期，申请对应的远期信用证，从而增加融资期限。

📝 案例　国际贸易远期信用证结算流程

A公司向境外的B公司采购一批货物，价款为1亿元，拟采用远期信用证结算，供参考的具体流程如下：

（1）A公司和B公司在货物买卖合同中约定采用6个月的远期信用证验单付款。

（2）A公司根据授信额度，向开户的C银行缴付10%的保证金1000万元，申请开立信用证。

（3）C银行开立信用证后寄给B公司所在地的D银行。

（4）D银行通知B公司发货。

（5）B公司发货取得承运人提供的提单，并将提单提交D银行请求付款。

（6）D银行审验后将提单寄给C银行索款。

（7）C银行审验后由A公司确认。

（8）A公司确认后取得提单从承运人处提货。

（9）D银行根据指示将经确认的信用证交付B公司。

（10）到期后 D 银行向 B 公司付款，C 银行向 D 银行付款，A 公司向 C 银行支付保证金以外的余款。

第十二节
福费廷

资金来源：银行类金融机构

融资性质：债务融资

融资方式：间接融资

融资期限：短、中期

适用企业：出口类企业

优　　势：融资成本较低，转移坏账风险

劣　　势：融资规模有限

实务要点：真实交易背景，合同和单据符合要求

福费廷（forfaiting），又称买断，是银行根据受益人或其他金融机构的要求，在开证行、保兑行或其他指定银行对信用证项下的款项做出付款承诺后，对应收款进行无追索权的融资。福费廷业务主要提供中长期贸易融资，利用这一融资方式的出口商应同意向进口商提供期限为 6 个月至 5 年，甚至更长期限的账期，同意进口商以分期付款的方式支付货款。

由此可见，福费廷也是在信用证结算条件下的一种融资行为，与信用证融资的区别在于融资主体是出口方（即卖方）而非进口方（即买方）。融资仅适用于远期信用证的情况，在买

方市场环境下，卖方相对弱势，不得不给予买方较长账期，造成资金占压，同时还可能存在坏账风险。使用信用证结算，以银行信用保证货款的支付，卖方即可以将信用证权利直接转让给银行，通常是通知行、议付行、交单行，也可能是其他银行类金融机构，并且当买方和与买方相关的银行（开证行、保兑行等）拒绝付款时，接收信用证的银行只能直接向开证行及承诺付款的银行追偿，而不能向卖方追索。福费廷的基本商业逻辑类似于不附追索权的票据贴现，属于向银行融资，信用证有银行信用保障，因此融资成本较低，且将追收账款和坏账风险转移到接收信用证权利的银行，但该融资方式和票据贴现一样受到持有的权利凭证总金额限制，规模不可能根据企业需要任意扩大。

福费廷融资同样需要具有真实交易背景，否则很可能构成骗取银行资金，同时合同及提单等单据必须齐全且符合银行要求。

第十三节
内保外贷

资金来源：境外金融机构

融资性质：债务融资

融资方式：间接融资

融资期限：短、中、长期

适用企业：各类企业

优　　势：融资金额大，资金成本低

劣　　势：资金用途限制大，取得银行担保难度大

实务要点：具备符合条件的境外资金需求，满足申请
　　　　　　条件

一、内保外贷概述

内保外贷，是指境外注册的债务人向境外债权人借款，由境内机构或个人提供担保的融资方式。尽管借贷关系主体均在境外，借贷标的为外国货币，但担保方为境内机构或个人，一旦发生债务违约，担保方代为履行清偿义务，则涉及购买外汇汇出偿债，并根据对债务人的追偿权，成为其债权人形成对外

债权，因此涉及国家外汇管理相关制度。

我国外汇管理局于 2014 年发布《跨境担保外汇管理规定》，对相关主体资格、资金用途及登记制度等做出了规定。2017 年发布《关于完善银行内保外贷外汇管理的通知》，对银行作为内保外贷担保机构做出相应规定。2018 年保监会和外汇管理局共同发布《关于规范保险机构开展内保外贷业务有关事项的通知》，对保险机构参与内保外贷业务进行了规范。2016 年中国人民银行发布《关于在全国范围内实施全口径跨境融资宏观审慎管理的通知》，对跨境融资进行宏观审慎管理。

二、内保外贷相关规定

内保外贷中的借款人应为境外机构，多数情况下是境内企业设立的境外子公司或者受同一实际控制人控制的境外关联企业。贷款人一般为境外银行类金融机构。担保方根据规定既可以是银行，也可以是非银行金融机构、非金融企业甚至个人，但实践中能够为境外贷款方认可的担保方一般是境内银行。根据规定保险机构只能为自身为境外投融资目的设立的"特殊目的公司"境外借款提供担保，其他情况下不得作为内保外贷的担保机构。内保外贷的资金用途仅限于债务人正常经营范围内的相关支出，不得用于支持债务人从事正常业务范围以外的相关交易，不得虚构贸易背景进行套利，或进行其他形式的投机性交易，特别是未经外汇局批准不得"直接或间接调回境内使用"。银行作为担保机构的还应审核资金用于境外股权或债权投资时是否符合国家境外投资相关政策，为境外债务人发行债券担保时，境外债务人应由境内机构直接或间接持股，为境外机构衍生交易担保时应以止损保值为目的。国家外汇管理局对内保外贷实行登记管理，担保人签订内保外贷合同后应当办理内保外贷登记，发生担保履约的担保人可自行办理对外支付，担保履约后应办理对外债权登记。银行作为担保机构的，不得在明知或者应知担保履约义务确定发生的情况下签订跨境担保合同。

向境外银行类金融机构借入外币贷款，且有境内银行担保，一般可满足较大金额融资需求，且利率较低，但资金用途限制较大，只能用于境外经营和并购等需要，不能调回境内使用，同时要取得境内银行担保，对企业自身在规模、实力、资信状况和反担保上有较高的要求。企业要采取内保外贷融资，首先要具备符合条件的境外投资或经营需求，依照我国境外投资规定设立符合条件的境外机构作为融资主体，通常境外机构自身资信难以达到银行担保要求，需要由资信良好的境内主体或境内资产向担保行提供反担保。

三、跨境直贷

除内保外贷外，企业还可以跨境直贷。跨境直贷，是指境内企业作为反担保人向境内银行申请开立受益人为境外银行的跨境融资性保函，境外银行凭境内银行保函为境内债务人（保函申请人或其他境内企业）发放贷款的一项融资业务。基本流程是：债务人与境外银行（直贷行）达成融资意向后向外汇管理部门办理外债登记，债务人在担保行开立外债专户并申请办理跨境直贷，担保行审批通过后向直贷行提供融资性对外担保，直贷行向债务人外债专户放款。内保外贷与跨境直贷的相同点及差异比较见表1-5。

表1-5 内保外贷与跨境直贷的比较

项目	内保外贷	跨境直贷	是否相同
借款方	境外主体	境内主体	不同
贷款方	境外主体，一般为银行	境外主体，一般为银行	相同
担保方	境内主体，一般为银行	境内主体，一般为银行	相同
借款币种	外币	外币或人民币	相同
资金用途	境外经营或投资，未经批准不得调回境内	资金先转入借款方境内账户，可用于境内外生产经营	不同
汇率风险	正常履行不涉及换汇和汇率风险	正常履行可能涉及换汇和汇率风险	不同
外汇登记主体	担保方办理	借款方办理	不同
境外投资备案	无须向国家发改委申请批准或备案	用于境外的，境内主体应向国家发改委申请批准或备案	不同

第十四节
特定区域融资

资金来源：银行或其他金融机构

融资性质：债权或股权

融资方式：间接融资或直接融资

融资期限：短、中、长期

适用企业：特定地区注册和经营的企业

优　　势：享受特殊融资优惠政策

劣　　势：适用范围有限，某些政策可能存在合规性、稳定性问题

实务要点：深入了解区域环境和政策，综合判断落户特定区域的利弊

一、特定区域融资优惠政策

除适用于全国的企业融资方式外，根据中央对特定区域经济扶持鼓励的需要，或者地方政府振兴本地区经济的需要，一些地区具有只适用于当地的特殊融资优惠政策，这些政策文件个别为中央制定，但多数为当地机关制定，内容也各式各样，

较常见的是针对银行贷款、股权融资等主要融资方式给予特殊优惠。

　　特定区域企业根据特殊政策进行的融资，一般会在融资方式、融资条件等方面享受更为开放的政策，或者政府通过贴息、税收返还等方式给予一定形式的补贴，从而丰富融资渠道、降低融资成本，但这些政策适用范围有限，包括资金的投向方面也受到较大地域限制，某些地方政策可能与国家法律法规冲突，有些属于临时性或阶段性的政策措施，其持续性和稳定性存在较大不确定性。因此企业在选择注册和主要经营地时，应当从区域经济、文化和法制环境、市场状况以及土地、材料、人力等主要生产要素成本、行业发展及竞争格局、商业往来及交通运输便利性及成本等多方面综合考量，本着长期稳定经营的宗旨审慎决策，而不能为了取得某几项看似诱人的优惠政策而盲目在总体条件不适合本企业发展的区域落户。后续如果主要经营地与注册地不一致，不能为当地经济发展做出实质性贡献，也将面临不符合条件无法实际享受相应优惠政策的风险。

二、区域融资优惠政策实例

（一）前海跨境人民币贷款

　　为促进香港离岸人民币业务进一步发展，支持前海深港现代服务业合作区（简称"前海"）开发建设，经中国人民银行批准，深圳市人民银行于 2012 年发布《前海跨境人民币贷款管理暂行办法》。前海跨境人民币贷款是指在前海注册成立并在前海实际经营或投资的境内企业从香港经营人民币业务的银行借入人民币资金。前海跨境人民币贷款业务由中国人民银行深圳市中心支行（简称"深圳人行"）在中国人民银行总行的指导下进行监督。跨境人民币贷款资金在符合国家有关政策的前提下，应当用于前海的建设与发展，贷款业务需通过境内结算银行办理，贷款期限、利率等由借贷双方自主确定，但利率需要向深圳人行备案。

在工作流程上，借款企业办理贷款业务前应通过境内结算银行向深圳人行提交备案申请，偿还本息需通过境内结算银行办理，通过境外人民币业务清算行或境内代理行办理跨境支付结算，借款企业及其境内结算银行应当按照《国际收支统计申报办法》等规定办理国际收支申报，境内金融机构和企业可依法为贷款提供担保。

（二）上海自贸区跨境人民币境外借款

为支持中国上海自由贸易试验区（简称"自贸区"）扩大人民币跨境使用，经中国人民银行总行批准，中国人民银行上海总部于 2014 年发布《关于支持中国（上海）自由贸易试验区扩大人民币跨境使用的通知》。上海自贸区跨境人民币境外借款，是指自贸区内金融机构和企业从境外借用人民币资金（不包括贸易信贷和集团内部经营性融资）。

自贸区内非金融企业借款期限为 1 年以上，借款余额上限不超过"实缴资本 ×1 倍 × 宏观审慎政策参数"，可以在上海地区的银行开立专用存款账户，专门存放从境外借入的人民币资金。借入的资金只能用于自贸区内或境外国家宏观调控方向相符的领域，包括区内生产经营、区内项目建设、境外项目建设等，暂不得用于投资有价证券（包括理财等资产管理类产品）、衍生产品，不得用于委托贷款。

第二章

CHAPTER 2

类金融机构融资

第一节
类金融机构融资概述

　　类金融机构，是那些不需要由银保监会或证监会颁发行政许可证明，即可从事特定金融性质业务的机构。类金融机构有的由商务部等其他部门许可经营和监管，例如融资租赁、商业保理、典当等；有的需要在金融监管部门或行业协会备案登记，例如私募基金管理企业需要在证券投资基金业协会进行管理人登记；有的目前并没有明确的行业主管部门，例如小额贷款企业主管部门由各地方政府确定、互联网金融企业在很长时间内并没有明确的主管部门等。

　　有些类金融机构具有非常悠久的历史，例如当铺；有些则是高度发达的金融业和信息科技相结合的产物，如互联网金融企业。类金融机构具有介于牌照类金融机构融资和民间直接融资之间的过渡性特征，与牌照类金融机构相比，又具有数量多、规模小、外部监管和内部风控相对宽松、机制灵活、工作效率高等特点；与民间融资相比，资金实力相对较强、业务较为规范、受到较多政府监管、对融资方的审查较为严格。其中某些企业的业务，从融资方角度看与牌照类金融机构类似，有点像牌照类金融业务的"迷你版"，例如小贷企业和银行都可以为企业提供贷款服务、融资租赁与金融租赁业务从承租方角度看基本相同等，由于类金融机构门槛相对较低，所以在同类融资业务中，类金融机构融资要求的收益率一般也会高于牌照类金融机构。应当关注的是，鉴于一些类金融机构业务实质内容与金融机构高度相似，国家为了维护金融秩序和防范金融风险，加强对类金融机构的监督管理，已经将融资租赁、商业保理和典当三项类金融业务的监管划归银保监会。

对于难以从银行等金融机构取得资金的非上市中小微企业来说，类金融机构融资和民间直接融资可能是主要的资金来源；其中小额贷款、典当资金成本较高，超过绝大多数企业正常的投资回报率，因此只适用于应急或过桥之类的突发性短期需求，而不能成为企业常态化的资金来源；而私募资金、融资租赁、商业保理等融资渠道，对于大中型企业和上市企业来说同样是重要的融资渠道，并且可以作为金融机构融资的有效补充。企业可以在充分了解和评估各种类金融机构融资特征的基础上，充分与自身情况及融资需求特点相结合，与几类能够满足自身不同情况下资金需求的类金融机构建立日常合作关系，以便在产生资金需求时能够以较低成本及时、足额地融入资金。

第二节
股权投资机构融资

资金来源：专业股权投资机构

融资性质：股权融资

融资方式：直接融资

融资期限：长期

适用企业：主要为拟上市企业

优　　势：原股权增值、提升企业形象、改善企业治理、助力资本运作

劣　　势：影响企业长期业务规划、新股东根据投资协议特殊条款享有较多特权

实务要点：优化股权结构和企业治理、合理估值、关注投资协议特殊条款

一、专业股权投资机构概述

专业股权投资机构，就是专门以入股方式对尚未上市的企业进行投资的机构，主要包括私募股权管理机构和大型央企或上市公司集团内的专业投资企业，两者区别主要包括：（1）监

管者不同。前者应当向证券投资基金业协会办理私募基金管理人登记，后者如不设立私募基金则不需要办理私募基金管理人登记。（2）独立性不同。前者作为独立运营的类金融机构，由公司投资决策机构独立做出决策，后者作为集团内的一个子公司，重大决策一般要经过集团批准。（3）资金来源不同。前者主要靠向特定的合格投资者募集，少数由股东出资，后者主要靠集团股东出资和借款，未经私募基金管理人登记不得对外发行私募产品。（4）投资目的不同。前者在对投资者履行"善良管理人"义务的前提下以本企业利润最大化为经营目标，因此选择项目时主要考虑项目本身的投资收益，后者不仅要实现本企业赢利，更要为达成集团整体目标服务，因此选择项目时不仅要看项目本身的投资收益，还要考虑投资该项目产生的"协同效应"对集团整体业务的积极作用。当然，两者并没有绝对的界限，很多大型企业集团也设立了自己的私募股权管理机构，集团内部投入部分资金，从外部募集部分资金，投资决策时既关注项目本身收益，也重视与集团的"协同效应"，集团还可以通过旗下上市企业并购为项目增加一条退出路径。

截至 2023 年年末，我国已备案的私募基金管理企业逾 2.1 万家，已备案基金产品规模合计 20 万亿元，私募基金已经成为我国一个重要的投融资渠道。就像每个人有不同的兴趣爱好一样，不同的专业股权投资机构对项目也有不同投资偏好，从标的企业所属行业来分，可分为医药、互联网、新能源、先进制造、大消费、地产等，从标的企业发展阶段可分为天使投资轮、VC 轮、PE 轮、Pre–IPO 轮等，从投资目的可分为财务投资、产业投资、并购投资等。

二、专业机构股权的投资偏好

在前文中已经讲述了向新股东融资的一般知识，本节着重阐释向专业股权投资机构融资的特别之处。多数中小企业要取得专业股权投资机构的投资不是一件容易的事，通常只有以下几类企业才能入其"法眼"：

（1）由精英创业团队组建的创新企业。这种企业虽然刚起步，但其核心管理和技术团队由拥有优秀教育背景、丰富创业经验、先进专业技术的高素质杰出人才组成，创业项目集中于创新型朝阳产业，也就是所谓的"产业风口"，多数是技术创新领域，部分是商业模式创新，市场空间巨大。这样的企业虽然刚开始起步，很多甚至还处于研发阶段尚未实现收入，更谈不上赢利，但其团队和行业的价值仍可以吸引专注于这一阶段投资的 VC 机构。VC 机构的基本投资逻辑是采取分散化的"广种薄收"投资方式，单个项目成功率虽低，但每一笔成功的投资都可以获取巨大回报。这个阶段初次投资一般估值较低，金额较少，有的单笔投资只有几百万元，但随着企业实质性进步会呈现出融资频次高、每轮融资估值和融资额迅速提升的特征。VC 投资退出周期较长，一般在 5~10 年。

（2）基本具备上市条件的企业。当企业发展到一定阶段，业务方向、营业收入和利润都呈现出稳定中逐步上升的态势，企业治理和财会制度趋于正规，在行业内处于中上水平或者在细分市场中处于领先地位，那么企业就开始具有通过 IPO 进入资本市场的基本条件。IPO 是指企业首次公开发行并在证券交易所上市的行为，各国证券市场尽管具体规定各不相同，但基本都会要求拟上市企业股权清晰，有自己的核心管理团队，具有完整的资产、独立的业务体系、规范的管理，财务规范报表真实，并对股本、净资产规模、收入、净利润、现金流等有一定具体量化的指标要求。以我国 A 股为例，目前实践中满足上述条件，年净利润在 5000 万元以上的企业具备在创业板上市的基本条件，在主板上市的企业年净利润一般都在 8000 万元以上；科创板、创业板、北交所采取注册制，对于达到一定市值的企业，只要满足相应上市条件，即使尚未赢利也可以上市。这个阶段企业所吸引的专业股权投资机构主要是 Pre-IPO 轮次的 PE 投资，投资逻辑是博取上市溢价，追求较高的成功率，单笔投资一般都不低于几千万元，估值水平也是以同类企业上市后平均市盈率（市值比净利润）作为参考，一般为上市后市值的 30%~50%。Pre-IPO 的正常回收期为 3 年左右。

（3）可以作为大企业并购标的的企业。某些企业虽然未达到上市要求的财务指标或者所处行业难以 IPO 上市，但也具备了一定赢利能力，或者具有某些有价值的核心资源，如先进技术、土地或矿产资源、市场渠道、品牌等，可能成为行业内大型企业进行收购的目标。这类企业有可能取得并购基金的投资，并购基金的投资逻辑在于取得企业并购估值溢价收益，一般并购资金会先取得控股权再将企业转让给收购方，由于并购溢价通常远不及 IPO，并购基金对投资标的的估值通常也比较低。并购退出不像 IPO 退出那样有较长的审核期和股份限售期，一般并购基金会尽快找到收购方变现投资，因此回收期较短。

与普通投资者相比，吸收专业股权投资机构的资金有很多优势：专业股权投资机构对企业的估值一般都大幅高于原始股东的投资成本，对于缺乏公开证券市场认定公允价值和变现退出渠道的未上市公司来说，给原始股东提供了股权增值或者退出的机会；专业股权投资机构在投资前对企业都会进行比较客观、全面的调查和评估，其投资行为代表了对企业投资价值的认可，因此专业机构，特别是知名投资机构的进入对于企业形象具有正面的宣传作用；专业股权投资机构内部有在法律、财务、企业管理等方面的专业人才对标的企业进行投后管理，有助于其完善企业治理、规范财务制度，协助企业制定资本市场规划和进行后续融资。

三、特殊条款

专业股权投资机构作为资深"资本市场玩家"，其专长和关注点更集中于资本市场领域而非实业经营，因此在某些方面企业应当保持警惕：投资机构对企业业务了解不够深入，而对财务报表非常敏感，可能提出一些"涸泽而渔"的建议，短期提高了利润而不利于企业长远发展，例如建议企业砍掉毛利率较低或者虽然亏损但未来具有良好发展前景的业务，或者不合理地压缩销售及研发费用等。企业必须保持清醒的头脑，以开放、慎重的心态对待投资机构的建议，既不盲目接受也不盲目排斥，从多个维度理性分析、独立判断。

另外，投资机构给予企业的较高估值往往是有代价的，这个代价就是投资协议中对投资机构给予超过一般股东权利的"特殊条款"，而企业经营者往往受到高估值的诱惑而忽视了作为代价的"特殊条款"隐藏的巨大风险。下面就分析一下主要的特殊条款及其影响：

（1）对赌条款。这是实践中最常见的特殊条款，即以未来不确定的事实作为生效条件的特殊条款，如果对投资方具有不利影响的特定事实发生，则被投资企业或其原股东应赋予投资方一定的特殊权利，也有的约定如果发生有利于投资方的特定事实，则被投资企业原股东取得一定的特殊权利。根据"赌"的内容，主要有业绩对赌、上市对赌和估值对赌等，国内最常见的是前两种。业绩对赌以标的企业未来 3~5 年的关键业绩指标（如净利润、收入等）达到一定标准为条件，未达到条件则投资方享有某项特殊权利；上市对赌则是以一定期限内标的企业应提交上市申请或完成上市为条件的对赌。根据"赌"的后果，也就是投资方所享有的特殊权利，有现金补偿、股份补偿、股份回购、领售权等方式。"赌输"的后果比较容易理解，要么给现金补偿，要么给股份补偿，要么按原入股价格加约定年化收益进行回购，或者允许投资者找到接盘方卖掉企业收回投资等。实践中因为企业经营者资金不足，现金补偿或回购的方式往往难以实现，以股份补偿或者把企业转让给第三方就成了比较现实的解决方案，最终结果就是企业经营者丧失了公司控股权，"创业变成了打工"。

（2）回购条款。不附条件的"回购条款"就是通常所说的"明股实债"，即虽然以"股权"形式出资，但一定期限后标的企业或其股东应按照初始投资附加约定的年化收益率作为回购价格买回投资者的全部股权。但多数情况下回购条款设定为投资方的选择权，对投资方来说收益"保底不封顶"，而对融资方来说就比较被动了，既要赋予对方股东的权利，还要做好偿还本息的准备。

（3）增资条款。即要求赋予投资方在一定期限内仍按本次估值或其他较优惠的估值向标的企业进行一定比例或金额增资的条款，相当于投资者除了普通股东的权利之外还取得了一定数量的"看涨期权"，在企业发展良好的情况下可以获取额外收益，而标的企业则损失了提升估值的机会。

（4）反稀释条款。即要求标的企业后续融资估值不得低于本轮投资者入股价格，逐步提升企业估值，符合新老股东共同利益，因此这个条款在企业正常发展时是没有问题的，但如果企业业绩出现较长时期下降却又急需股权融资时，可能不得不给予投资方额外补偿才能够再以较低估值向其他投资方融资。

（5）大股东转让限制。即在投资方退出前，不允许大股东转让其股权或控股权。投资方对企业的投资很大程度上是基于对创始人能力的认可，这一约定的目的是防止企业创始人"变现离场"导致企业价值下降。

（6）领售权。即未来投资方有权按照一定估值转让其股权，同时要求原始股东（特别是控股股东）也按照相同价格转让股权，这一约定实际是赋予了投资方转让企业控股权的特权，一些并购基金在初始投资不能取得标的企业控股权的情况下，喜欢利用这样的条款达到"四两拨千斤"的目的，而没有退出意愿的创始股东通常不应当轻易接受这样极端的条款。

（7）跟售权。这也是防止创始人"变现离场"损害投资方的条款，但解决的方式不同，并不直接限制控股股东转让股权，而是规定其转让时必须赋予投资方按照与控股股东相同的股权转让价格向受让方转让全部股权的权利，从而实现收回投资的目的。

（8）清算优先权。约定在企业清算或股权转让时，投资方优先于创始股东收回投资成本及约定的收益，这一条款也是在企业未来发展状况不佳的时候优先保护投资方利益的措施，而此时创始股东将受到更大损失。

（9）参与治理。约定投资方在企业治理中的特权，例如委派董事、监事，派出财务总监，对某些事项在决策机构中享有"一票否决"权等。这些条款使投资方不仅可以更及时、全面地掌握企业信息，还能够取得某些重大事项的决定权，制约了创始人的权力。

实践中，这些特殊条款经常是组合使用的，其中很多权利的实现都是以"对赌条款"为基础，当几个有利于投资方的条款叠加生效时，其"杀伤力"可能出乎创始人的预期。

⌂ 案例 鼎晖投资通过"上市对赌＋领售权＋清算优先权"让俏江南"易主"

2008 年 9 月 30 日，俏江南与鼎晖创投签署增资协议，鼎晖创投股权投资约合 2 亿元，占有俏江南 10.526% 的股权，并约定了要求俏江南在 2012 年上市的对赌条款。尽管先后转战 A 股和港股，但俏江南始终未能如愿登陆资本市场，也无资金回购鼎晖投资的股权。最终鼎晖投资行使"领售权"找到欧洲私募股权基金 CVC 接盘，俏江南控股股东、实际控制人张兰不得不跟随卖出股份，丧失控股权，变为小股东，所得转让款还要优先用于偿还鼎晖投资的本金和高额收益。

俏江南的案例，可以让我们对于对赌条款的威力，特别是"组合拳"的威力有更加直观的认识。在实践中，签署投资协议时千万不要忽略价格之外的任何重要条款。

四、实务要领

综上，专业股权投资机构的资金尽管诱人，但不是每个企业都能拿到的，而且也需要控制风险。"打铁还需自身硬"，企业创始人应先把企业做好，提升对专业投资者的吸引力。企业所处行业和发展阶段受到客观条件限制，只能逐步实现产业升级和业绩成长，绝不能靠报表造假"饮鸩止渴"。企业治理方面则是可以主动改善提升的，尽可能让核心团队有一定持股，并在董事会拥有较多席位，避免纯"家族企业"形象；处理好管理层相对稳定和适当引入职业经理人、高级专业人才的关系，建立较高素质的管理团队；合理设置部门及管理体制，体现专业分工和相互协作、制约，形成健全的组织结构；完善企业规章制度，并在日常工作中贯彻落实；健全财务制度和工作流程，保障财务数据的真实、准确、完整、及时、适用。

企业具备了对投资者的吸引力，要选择适合自己的投资机构进行接洽，投融资不仅是一笔金额巨大的"交易"，而且投资后双方的利益就捆绑在一起，要进行长期合作，当然也要像买东西一样"货比三家"，仔细甄别。投资金额和估值当然是首要条件，但是也并非一味追求"越高越好"。心理预期过高可能无法及时足额完成融资，即使本轮融资成功，下次融资时还将面临提升估值就融不到资、降低估值就无法向上一轮投资者"交代"的两难局面。因此应根据企业实际情况，参考市场标准确定合理的估值范围，在合理范围内争取一个较高估值水平即可。

除了金额和估值，还要关注投资机构的情况，资金来源必须合法，如果是通过非法集资、虚假宣传、不当承诺获取的资金，即使标的企业及股东并未直接参与，之后也可能使企业卷入和投资参与者的纠纷之中，对企业负面影响极大。国内外知名 PE 机构投资对企业是一种有力的正面宣传，其实力雄厚能够为企业提供持续投资，专业性和社会资源也超过一般投资机构，能为企业发展做的贡献更多，因此在其他条件差距不悬殊的情况下自然优先选择名气大、口碑好的机构。

在机构和金额、估值大致确定后，对具体条款，特别是前面提到的"特殊条款"也不能大意，业绩对赌、反稀释条款、清算优先权等都是在企业业绩未达预期，甚至衰退时才会对创始股东产生不利影响，因此处于业绩高速成长的企业可以对投资机构做出相对稳健的业绩承诺，而业绩波动较大的企业则需要对业绩承诺特别慎重。增资条款则是在企业高速发展时对标的企业产生不利影响，因此成长性良好的企业应尽量避免约定此类条款。回购条款使投资方同时享有股权潜在增值空间和债权本息保障，因此其债权利率应当显著低于正常市场水平。不打算被并购的创始人应拒绝领售权条款。跟售权条款要求比较合理，对创始股东没有重大不利影响，一般可以接受。投资方在合理范围内参与治理不仅是保障投资者权益的措施，同时也是促进企业建立现代法人治理结构的内在要求，但过分的权力则会对创始股东造成束缚，影响企业正常发展。

术业有专攻，企业家的长项在于自己的主营业务领域而非资本市场，实践证明优秀的企业家也可能在引入股权投资机构时，因为缺乏知识和经验及过度自信而犯下难以挽回的严重错误，因此企业发展到了向专业股权投资机构有序募集资金的阶段时，很有必要聘请股权投融资专业人才或独立专业服务机构参与制订方案、路演推介、商务谈判、确定合同条款、签约及履行等整个过程，保障企业权益并控制风险。

第三节
股权众筹

─────── ● ───────

> **资金来源**：外部个人，通常依托互联网平台
>
> **融资性质**：股权融资
>
> **融资方式**：直接融资
>
> **融资期限**：长期
>
> **适用企业**：创业创新企业和小微企业
>
> **优　　势**：募集效率高、方案标准化、宣传效应
>
> **劣　　势**：法律风险大、股东分散化
>
> **实务要点**：试点尚未启动，暂无法实施

一、股权众筹概述

股权众筹融资是指创新创业者或小微企业通过股权众筹融资中介机构（一般为互联网平台）公开募集股本的活动，具有"公开、小额、大众"的特征。作为互联网经济的产物，股权众筹融资方式起源于美国，2010年2月开始正式上线运营的天使名单（AngelList）被业内公认为最早的股权众筹网络平台，之后这种模式迅速向包括亚洲、欧洲在内的世界各地扩展。依

靠互联网这样有效的信息传播和交易媒介，股权众筹平台可以迅速将拟融资企业信息传递给大量的意向投资人，从而最有效地帮助企业完成融资。对于投资者而言，可以便捷、低成本地将资金分散投资于许多企业，通过投资组合达到降低风险的作用。

第一家股权众筹平台 AngelList 发展迅速、成绩斐然，截至 2015 年 5 月已经成功在平台上完成融资的企业超过 7390 家，约占企业总数的 1.5%，其中 80.4% 处于种子阶段，有些企业进行了多轮融资，还有五六家企业成功进行了 IPO。众筹模式在中国仍处于探索阶段。

互联网经济以软硬件技术为物质条件，以高效、便捷、减少渠道费用为商业理念，以普通民众为目标客户，具有非常突出的规模经济效应，因此其经营模式往往对于传统商业模式甚至法律法规都会构成巨大挑战，股权众筹也不例外。传统资本市场中，大型企业通过在证券交易所上市成为公众企业，可以向公众投资者（也就是股市中的"散户"）融资，中小企业通过依靠内部融资和以非公开方式向特定投资者融资。而股权众筹模式却反其道而行之，开启了中小微企业直接向公众融资的先河。然而中小微企业在行业地位、资产规模、经营业绩、规范性等方面显然不及大型企业，而股权众筹平台对融资企业的信息披露内容要求和审核标准方面也远不及正式的证券交易所，更难进行有效的持续监管，因此股权众筹每个项目对于投资者的风险比购买上市企业股票要大很多。股权众筹的基本逻辑是通过限制单一投资者对单个项目的投资金额，引导投资者通过组合投资合理分散风险，从而实现投资某一类或者各类中小微企业的平均收益。中小微企业虽然风险大，但未来发展空间也大，今天亚马逊、阿里等互联网巨头都是给早期投资者带来惊喜的昔日中小微企业，中小微企业的估值也相对较低，仍然可以实现收益与风险的合理平衡。尽管以上投资逻辑在理论上是成立的，但实践中可能受到两个负面因素的影响：一是由于股权众筹平台的估值水平较低，因此优秀企业可能会选择其他方式融资，如早期向私募股权基金等机构投资者融资，到一定阶段谋求 IPO 上市，导致股权众筹平台上质量差、问题多的企业越来越多，出现"劣币驱逐良币"现象；另一种倾向是很多中小投资者投资情绪化较严重，缺乏严格监管的股权众筹平台更容易出现恶性炒作推高估值的行为，从而损害投资者整体利益。理论上存在的争议和现实中蕴藏的风险和机遇，使股权众筹平台在发展中一直备受政府和社会关注并且褒贬不一。

二、中国股权众筹法律制度演进

证券法规定，向不特定对象发行证券或向特定对象发行证券累计超过 200 人均构成公开发行，公开发行证券必须符合 IPO 发行条件，经中国证监会核准。股权众筹具有公开、小额、大众的特点，需要通过互联网平台向众多不特定的潜在投资人公开宣传，且由于单个投资者出资金额较小，总人数较多，很难保证不突破 200 人的限制，也就是说现行法律制度并没有给股权众筹留下太多合法发展的空间。

2014 年 12 月，中国证券行业协会发布了《私募股权众筹融资管理办法（试行）（征求意见稿）》，这是第一次从官方角度发布的详细的股权众筹规则。尽管这个规则体现了国家对股权众筹的重视和积极的态度，但由于法律的限制，规定只能以非公开方式进行股权融资，提出了融资后"股东人数累计不得超过 200 人"的要求，还对个人投资者制定了比较高的门槛，如"投资单个融资项目的最低金额不低于 100 万元人民币"或"金融资产不低于 300 万元人民币或最近 3 年个人年均收入不低于 50 万元人民币的个人"等，基本是参考了私募股权基金合格投资者的条件，这些都与股权众筹公开、小额、大众的本质特征相悖，实质上只是以"股权众筹"之名行通过互联网平台实施"股权私募投资"之实，并不能真正满足互联网时代对股权众筹的社会需求。而且，中国证券业协会并没有被正式赋予股权众筹的监管权力。2015 年 7 月发布的《关于促进互联网金融健康发展的指导意见》（以下简称《指导意见》）更是明确规定"股权众筹融资业务由证监会负责监管"，由于定位偏差和不具备管辖权等原因，这部文件最终停留在"征求意见"阶段，一直未能付诸实施。

相比之下，《指导意见》虽然关于股权众筹的篇幅不算多，但对很多关键点做出了更有价值的精准定位。首先明确政策方向，然后对股权众筹准确定位为"公开小额股权融资"，并要求"必须通过股权众筹融资中介机构平台（互联网网站或其他类似的电子媒介）进行"，要求"融资方应为小微企业"，并明确了中国证监会的管辖权。作为官方文件，第一次大胆地突破了证券法的思想束缚，抓住了股权众筹的本质，为后续相关规则的制定起到了指导作用。

在《指导意见》明确了方向和监管权后，中国证监会紧接着在 2015 年 8 月发布《关于对通过互联网开展股权融资活动的机构进行专项检查的通知》，表示"正在抓紧研究制定股权众筹融资试点的监管规则"，指出"一些市场机构开展的冠以'股权众筹'名义的活动，是通过互联网形式进行的非公开股权融资或私募股权投资基金募集行为，不属于《指导意见》规定的股权众筹融资范围"，明确要求未经审批"任何单位和个人不得开展股权众筹融资活动"。这个文件主要传递了三大信息：目前暂不允许进行股权众筹；通过互联网进行股权私募不属于股权众筹行为；在依法制定监管规则后将允许依法进行股权众筹。

2016 年发布的《股权众筹风险专项整治工作实施方案》对互联网股权融资平台进行规范整治，禁止以股权众筹名义融资、公开募集、虚假宣传、欺诈发行、占用投资者资金、非法集资以及持牌金融机构违法与互联网平台合作等行为，同时提出"证监会会同有关部门继续做好试点各项准备工作，根据国务院统一部署，适时发布股权众筹融资试点监管规则"，启动股权众筹融资试点。

根据中国证监会《2019 年度立法工作计划》，"力争于今年公开发布《股权众筹试点管理办法》"，股权众筹试点经过几年酝酿工作已经呼之欲出。

综上，尽管目前中国暂时还不允许进行真正意义的股权众筹，但监管层对此整体态度偏正面积极，同时鉴于其涉及公众投资者且对金融秩序影响较大，所以采取比较谨慎的态度，准备先制定规则，再试点逐步推行。股权众筹启动试点相关监管规则尽管尚不确定，但在《指导意见》等主要文件指导下应当不会偏离"公开、小额、大众"的基本定位，届时不仅中小企业在融资方面将增加一个非常具有吸引力的选项，中小投资者也将多一条全新的投资渠道。

第四节
小贷公司借款

资金来源：小额贷款公司

融资性质：债务融资

融资方式：间接融资

融资期限：短期

适用企业：小微企业

优　　势：审核标准较低、放款速度快

劣　　势：融资金额小，利率高

实务要点：用于比较紧急的临时资金需求、足额抵押
或保证、可靠的还款资金来源

一、小贷公司概述

　　小额贷款公司（以下简称"小贷公司"），是由自然人、企业法人与其他社会组织投资设立，不吸收公众存款，经营小额贷款业务的有限责任公司或股份有限公司，由地方金融办等部门作为主管部门，属于类金融机构。中国第一部对小贷公司进行规范的全国性法律文件为 2008 年银监会颁布的《关于小额

贷款公司试点的指导意见》，一些地方政府后来也颁布了本地区的管理规定。

小贷公司与银行等金融机构最大的区别就是只能发放贷款，却不能吸收存款，也不能采取私募方式发行信托、基金、资管计划等任何形式的理财产品，其贷款资金只能来源于股东出资、捐赠资金或者不超过两个银行业金融机构的融入资金，属于间接融资，其中从银行业金融机构获得融入资金的余额，不得超过资本净额的 50%。国家规定小贷公司注册资本必须为实缴货币资本，有限责任公司的注册资本不得低于 500 万元，股份有限公司的注册资本不得低于 1000 万元，一些地方政府则规定了更高的注册资本要求。

二、小额贷款特征及实务要领

实践中多数小贷公司注册资本为 1 亿 ~5 亿元，由于自身规模较小且对外融资比例受到限制，小贷公司可贷出资金也比较有限。多数地方还对单一客户贷款占比也做了比较严格的限制，因此从小贷公司对每个客户贷款的规模一般都比较小，通常单笔额度都限制在几百万元以内。银保监会规定"小额贷款公司按照市场化原则进行经营，贷款利率上限放开，但不得超过司法部门规定的上限"，实践中一般都是难以达到牌照类金融机构审核标准的融资企业才会向小贷公司借款，因此利率较高，年化利率 20% 左右已经成为该行业的正常现象。虽然证监会未对贷款期限做出明确限制，但如此高的利率已经超过了大多数行业的正常投资收益率，因此实践中多数用来满足短期资金周转需要，很少有企业愿意作为长期资金使用。小贷公司的优势在于机制灵活，审核标准较低，手续简便，例如银行等机构不接受的非上市公司股权也可以作为质押标的，对借款企业的尽调程序也比较简单，符合条件的一两周内即可放款。

小贷公司借款虽然相对容易，但资金成本很高且融资额不大，只能满足企业临时应急需要，而不可作为常态化融资手段。企业应尽可能做好资金预算管理，减少对此类高成本资金的使用。如果确实遇到紧急情况急需资金周转，且无其他低成本资金可用，应考虑最低资金需求量、最短使用期限、是否有满足小贷公司条件的抵押或第三方担保、是否确保未来有足够的现金流偿付本息等因素，一方面尽可能降低资金成本，另一方面保证具备偿债能力避免违约。

第五节
融资租赁

资金来源：融资租赁公司

融资性质：债务融资

融资方式：间接融资

融资期限：中、长期

适用企业：设备投入大的重资产企业

优　　势：减少设备占压资金，融资周期长，融资金额大

劣　　势：融资成本较高，税负较重

实务要点：作为长期借款的替代方案，保障充足现金流支付租金

一、融资租赁概述

融资租赁业务是指出租人根据承租人对出卖人、租赁物的选择，向出卖人购买租赁物，提供给承租人使用，承租人支付租金的交易活动。民法典对融资租赁合同有专门介绍，商务部作为融资租赁行业主管部门，颁布了《融资租赁企业监督管理

办法》，规定从事融资租赁业务的企业需在资产规模、资金实力和风险管控能力等方面符合相应条件，且经商务部门审核批准。最高人民法院发布了《关于审理融资租赁合同纠纷案件适用法律问题的解释》，对融资租赁合同相关法律问题做出进一步解释。为加强对类金融机构的监管，目前融资租赁业监管部门已变更为银保监会。

融资租赁的具体形式很多样，包括直接租赁、转租赁、售后回租、杠杆租赁、委托租赁、联合租赁等，典型的直接租赁与经营租赁的具体差异比较见表 2-1。

表 2-1　直接租赁与经营租赁对比

项目	直接租赁	经营租赁
租赁物来源	出租方根据承租方特定需要购买	出租方所有
租赁物瑕疵	承租方直接向出卖人索赔	出租方承担瑕疵担保责任
维修义务	由承租方承担	由出租方承担
风险承担	毁损、灭失风险由承租方承担	毁损、灭失风险由出租方承担
租赁期限	覆盖租赁物大部分使用期限	较短
租金总额	包括租赁物价格和出租方利润	一般低于租赁物价格
期满后租赁物归属	归承租方；承租方留购；出租方收回	出租方收回
违约责任	不支付租金的，出租方可要求支付全部租金或解除合同	不支付租金的，出租方可要求解除合同
会计处理	纳入承租方表内核算，将租赁物计入固定资产，将应付租金总额计入负债	纳入出租方表内核算，承租方只按期确认租金费用

二、融资租赁适用领域

融资租赁公司不能通过吸收存款或发行理财产品进行融资，除了股东出资外，目前融资租赁公司主要的资金来源就是银行贷款，属于间接融资，因此融资租赁资金成本一定会高于融资租赁公司贷款资金成本，才能弥补融资租赁公司的费用并取得利润，同时融资租赁的税收成本也比银行贷款更高，银行贷款增值税率为 6%，而融资租赁增值税率 2019 年后为 13%，高于银行贷款税率，这些成本最终都会转嫁到承租方企业上。

目前融资租赁实际年化利率水平在 12%~18%，明显高于银行贷款，也略高于多数信托贷款，在长期融资方式中资金成本相对较高。一般企业如果资信良好，有优质资产抵押，如商业或住宅类地产等，可优先尝试银行贷款，但对于主要资产为专用机器设备、交通运输设备的企业，如制造业、运输业企业等，固定资产占比很高，但资产具有专用性，流动性和保值性较低，作为抵押物，银行一般不愿接受，或者抵押率过低，无法融得足够资金，这时采取融资租赁方式就比较合适，不仅融资额更高，而且可以长期稳定使用，只要资产经营收益超过租金支出，在使用期内就不会有太大资金压力。但是必须注意，承租方拖欠租金且经催告后在合理期限内仍不支付租金的，出租方可以要求支付全部租金，也可以解除合同，收回租赁物。因此在融资租赁关系中承租方无法通过返还租赁物免除支付剩余租金的义务，这和抵押贷款是类似的。如果租赁物增值，出租方可以要求收回租赁物，而银行贷款关系中，抵押物增值收益归贷款企业所有，因此预期资产能够增值时，显然采用抵押贷款的方式对企业更有利。

三、经营租赁融资功能

除了融资租赁以外，随着社会分工细化，大量的专业租赁企业出现，经营租赁也成为企业达到融资目的的一种有效方式。经营租赁同样可以实现先使用资产再逐期支付租金的目的，租金水平一般会比融资租赁高，但通过与融资租赁比较，我们知道经营租赁关系中出租方提供的后续服务和保障更多，承担的风险更大，例如提供维修服务、承担毁损灭失风险等，而且专业化的出租企业提供的租赁物维修保养服务比承租企业自身承担维修保养的效率更高、成本更低，可以使承租企业在租赁期内节省人力物力，并充分发挥租赁物的使用价值，实际成本可能并不比融资租赁高。

同时，经营租赁在承租企业表外核算，不像融资租赁那样会增加企业资产负债率，对于企业实现轻资产化运营是很有帮助的，租赁期间承租企业不再需要租赁资产时，支付一定违约金即可退回出租方，而无须像融资租赁那样支付全部租金，对承租企业来说既经济又高效。经营租赁主要适用于通用类设备，例如打印设备、商务车辆等资产的经营租赁业务已经非常普遍。

第六节
商业保理

资金来源： 商业保理公司

融资性质： 债务融资

融资方式： 间接融资

融资期限： 短期

适用企业： 贸易企业

优　　势： 综合金融服务，资金到位及时，转移风险

劣　　势： 融资成本高，融资规模有限

实务要点： 从融资成本和服务能力两个角度选择保理商

一、商业保理概述

保理业务是指卖方将其现在或将来的基于其与买方订立的销售或服务合同所产生的应收账款转让给保理商，由保理商提供一系列服务的综合金融服务方式。根据主体不同，分为商业保理和银行保理，其中商业保理是由专业的商业保理公司，而非银行，为企业办理的保理业务。商务部发布的《关于商业保

理试点有关工作的通知》确定商业保理的目的主要是"扩大出口、促进流通""支持中小商贸企业发展"。规定"设立商业保理公司，为企业提供贸易融资、销售分户账管理、客户资信调查与评估、应收账款管理与催收、信用风险担保等服务"。规定商务部门为保理公司的主管部门，保理公司"不混业经营，不得从事吸收存款、发放贷款等金融活动，禁止专门从事或受托开展催收业务，禁止从事讨债业务"。

为加强类金融机构的监管，商业保理的监管部门由商务部调整为银保监会。2019 年银保监会发布了《关于加强商业保理企业监督管理的通知》作为首份类金融机构监管文件，规定商业保理企业受让同一债务人的应收账款，不得超过风险资产总额的 50%；受让以其关联企业为债务人的应收账款，不得超过风险资产总额的 40%；将逾期 90 天未收回或未实现的保理融资款纳入不良资产管理；计提的风险准备金，不得低于融资保理业务期末余额的 1%；风险资产不得超过净资产的 10 倍。

二、商业保理的功能

商业保理作为供应链金融的一种形式，并非单纯的融资行为，而是集多种贸易服务功能为一体的综合服务体系，在销售额巨大、客户数量多、回款风险高的国际贸易企业中尤为适合，其主要功能如下：

（1）贸易融资。贸易企业在存在账期的情况下，将应收账款转移给保理公司从而迅速取得资金的行为。

（2）销售分户账管理。保理公司可以根据卖方的要求，定期向卖方提供应收账款的回收情况、逾期账款情况、账龄分析等，发送各类对账单，协助卖方进行销售管理。

（3）客户资信调查与评估。保理商通过其专业能力和渠道协助卖方调查客户资信情况并对应收账款回收风险进行评估。

（4）应收账款管理与催收。保理商协助卖方确定客户的应收账款额度和账期，对存量应收账款回收情况进行动态管理，并根据应收账款逾期的时间采取适当方式向欠款方催收，协助卖方回收账款。

（5）信用风险担保。保理商对于卖方在信用额度内发货所产生的应收账款提供 100% 的坏账担保，从而使卖方不再承担坏账风险。

三、实务要领

保理公司资金来源主要也是股东出资和银行贷款，属于间接融资，多数保理公司自身规模有限，同时融资额也以应收账款规模为限，因此可以为卖方提供的融资总额度是有限的。保理公司的收费一般分为利息和管理费两大类，收费不仅包括其向银行贷款的成本和股东的利润，还要覆盖提供担保和各种服务的成本及风险，并且其提供的都是短期融资，因此各项收费总额折算后的年化资金成本很高，对卖方的主要价值在于加速回款和规避坏账风险，不能也不应当作为长期资金来源。

企业在选择保理商时，也应当首先明确自身需求，如果仅以短期融资和规避风险为目的，则尽量选择综合成本更低的保理商，如果对综合服务需求高，则应认真评估保理商的专业能力和收费水平。

第七节
典当融资

资金来源：典当行

融资性质：债务融资

融资方式：间接融资

融资期限：短期

适用企业：中小企业

优　　势：融资迅速

劣　　势：融资成本极高，融资规模较小，需要有合格当物

实务要点：限于"救急"定位，仅适用于短期紧急资金需求

一、典当概述

典当，是指当户将其动产、财产权利作为当物质押，或者将其房地产作为当物抵押给典当行，在扣除一定费用后按照当物价值的一定比例取得当金，并在约定期限内支付当金利息、偿还当金、赎回当物的行为。商务部门为典当行的主管部门，

公安机关对典当行进行治安管理。为加强对类金融机构的监管，目前典当业的监管部门已由商务部变更为银保监会。根据当物类别，典当行需有 300 万 ~1000 万元的实缴注册资本，符合要求的场所、设施和管理人员及鉴定评估人员等。典当行不得从商业银行以外的单位和个人借款，也不能与其他典当行拆借或者变相拆借资金，因此其资金来源主要是股东出资和银行借款，属于间接融资。

二、典当特征及实务要领

目前，典当行注册资本一般在几千万元至几亿元之间，银行借款一般不超过净资产的 100%，因此总规模有限，同时对单一客户的典当余额不得超过注册资本的 25%，加上当金只占当物估价的一定比例，通常缺乏活跃市场和可比价格的当物支付当金的比例很低，因此典当通常只能满足小额融资需求。作为典当融资担保物的主要有动产、不动产和财产权利三大类，其中应用最广泛的是动产质押，主要是有市场参考价格的贵金属、珠宝玉石、艺术品、文玩古董等。典当收费包括当金利率和综合费用，当金利率按中国人民银行公布的银行机构 6 个月期法定贷款利率及典当期限折算后执行，相对较低。综合费用包括各种服务及管理费用，动产质押典当的月综合费率不得超过当金的 42‰，房地产抵押典当的月综合费率不得超过当金的 27‰，财产权利质押典当的月综合费率不得超过当金的 24‰，根据上述比例推算的年化率在 28.8%~50.4%，一般会有一定折扣，但综合费用仍然非常高，是典当融资的主要成本。当期最长不超过 6 个月，虽然可以多次续当，但由于资金成本很高，一般企业不可能把典当作为中长期资金来源。典当以当物作为偿债保障，且融资金额较小，因此放款速度非常快，经常是当天放款，这是典当融资最主要的优势。逾期不赎当也不续当的为绝当，绝当物估价金额不足 3 万元的，典当行可以自行变卖或者折价处理，损溢自负；估价金额在 3 万元以上的，按照法律规定或双方事先约定处置，出售收入在扣除费用及当金本息后，剩余部分应当退还当户，不足部分向当户追索。

综上，典当自古以来就是迫不得已的情况下质押贵重物品取得短期融资救急的手段，如今这一基本属性仍未改变。对企业来说，典当不能作为主要或长期资金来源，即使作为短期资金，其成本也远高于其他短期融资方式，因此不适于作为常态化的融资方式。此外，因其放款迅速，因此对于某些中小企业来说，如果遇到非常短时间内必须支付的短期资金缺口，又有足够符合条件的财产可以作为当物，同时在较短期间内有可靠的收入或其他融资来源可偿还当金及其他费用，典当偶尔可作为"救急"的一种融资选择。

第八节
区域股权市场融资

○

> **资金来源**：区域股权市场投资者
>
> **融资性质**：股权或可转债
>
> **融资方式**：直接融资
>
> **融资期限**：短、中、长期
>
> **适用企业**：区域股权市场挂牌企业
>
> **优　　势**：管理相对规范
>
> **劣　　势**：投资及交易不活跃
>
> **实务要点**：选择适合企业的融资方式，主要依靠自身
> 　　　　　　渠道募集

一、区域股权市场概述和我国资本市场体系

区域性股权交易市场（以下简称"区域股权市场"）是在各省设立，为其所在省级行政区域内中小微企业证券非公开发行、转让及相关活动提供设施与服务的场所，俗称"四板"市场，是我国多层次资本市场的重要组成部分。截至 2023 年年底，我国共有 35 家区域股权市场。这些股权交易场所对于促

进企业，特别是未上市的中小微企业股权交易和融资，鼓励科技创新和激活民间资本，加强对实体经济薄弱环节的支持，具有一定积极作用。

　　如图 2-1 所示，中国多层次资本市场顶层结构为主板，由 A 股主板上市企业构成，主要适用于各个行业设立满 3 年，最近 3 年连续赢利且保持实际控制人、管理层和主营业务稳定，上市后总股本不少于 5000 万元的企业；第二层为 A 股创业板、科创板和北交所，适用于主要经营一种业务的创新创业型企业，也需要设立满 3 年，对赢利要求较低，某些企业甚至可以尚未实现赢利，最近 2 年保持实际控制人、管理层和主营业务稳定，上市后总股本不少于 3000 万元；第三层为在中小企业股份转让系统（俗称"新三板"）挂牌的企业，需要设立满 2 年，股本超过 500 万元，门槛较低，也不要求一定时期内保持实际控制人、管理层和主营业务稳定；第四层为区域股权市场，由各省市合计 35 家股权交易中心组成，各自制定了相应

图 2-1　中国多层次资本市场

115

的挂牌条件，与前三类证券交易市场均要求企业改制为股份公司不同，四板市场中有限责任公司也可以挂牌，在各方面要求上比新三板更加宽松，中国证监会没有对企业财务指标提出统一要求，由各个区域股权市场自行提出财务指标要求，对企业规范运作和信息披露的监管也更加宽松。

A股上市对企业要求的条件最高，是可以公开发行和交易的市场，因此吸引了众多的投资者和资金参与，截至2023年年底，A股上市公司合计5300多家，证券开户的投资者逾2亿户，每年一级市场通过发行股票和债权募集资金数千亿元，每天二级市场存量股票买卖交易金额数千亿元，因此A股公司IPO及后续再融资只要能通过监管机关审核，募集资金都比较容易，在不违反减持规则的前提下，上市公司股东也可以在活跃的二级市场转让自己的股份，轻松变现。

新三板则为非上市公众公司，股东可以超过200人，但不能向不特定对象公开募集股份，市场巅峰时挂牌公司数量过万，截至2023年年底降至6200余家。新三板还给个人投资者设立了证券类资产不低于200万元（基础层）及100万元（创新层）的门槛，导致个人投资者参与度较低，截至2020年6月，开户数量约100万户。尽管新三板挂牌公司也可以通过定向增发、中小企业私募债、可转债等方式融资，但融资规模和A股存在很大差距，在2015年达到顶峰，年融资上千亿元后，一级市场热度开始持续下降，目前投融资市场处于不温不火状态。同时，二级市场交易尽管从单纯的协议转让发展到做市转让和竞价转让等方式，但成交额一直处于低迷状态，目前日成交额 2 亿~4 亿元。

与前三个市场不同，"四板"不是一个全国统一的股票交易场所，而是由数十家分散在各区域的市场共同组成。区域股权市场挂牌的企业不能公开发行，股东人数也不能超过 200 人，只能采取定向发行股份或可转债方式募集资金，二级市场不允许采取集中交易和持续性交易方式，尽管对个人投资者的资金门槛是证券类资产不低于 50 万元，显著低于新三板要求，但由于企业质量普遍不高、发行和交易机制局限大、信息披露要求低等原因，参与的投资机构和个人更少，难以为企业融资或原股东退出提供有效的平台。

二、区域股权市场制度演进

国务院于 2011 年和 2012 年相继发布了《国务院关于清理整顿各类交易场所切实防范金融风险的决定》和《国务院办公厅关于清理整顿各类交易场所的实施意见》，为规范资本市场，防范金融风险，成立证监会牵头、有关部门参加的"清理整顿各类交易场所部际联席会议"，对包括区域股权市场在内的各类交易所进行清理整顿，明确设立"交易所"需经过国务院或国务院金融管理部门以及省政府批准，对"交易所"发行和交易机制提出了不得公开发行、集中交易、标准化合约交易、持续挂牌交易、权益持有人超过 200 人等基本要求。2014 年发布《国务院关于进一步促进资本市场健康发展的若干意见》，提出"在清理整顿的基础上，将区域性股权市场纳入多层次资本

117

市场体系"以及"完善集中统一的登记结算制度"。2017 年发布《国务院办公厅关于规范发展区域性股权市场的通知》，提出"积极稳妥推进区域性股权市场规范发展，防范和化解金融风险，有序扩大和更加便利中小微企业融资"。

2017 年中国证监会颁布了《区域性股权市场监督管理试行办法》（简称《试行办法》），作为主管部门第一次以独立文件对区域股权市场规则做出全面具体的规定，要求"各省、自治区、直辖市、计划单列市行政区域内设立的运营机构不得超过一家"，控制了交易所总量，系统规定了发行和转让制度，将融资方式限定于非公开发行股票和可转债，投资者买卖同一证券间隔不得少于 5 个交易日，对合格投资者的条件做出了具体规定，还对登记结算、信息披露、中介服务、市场自律和监督管理等事项做了系统的规定，成为规范区域股权市场的纲领性文件。2019 年中国证监会发布《关于规范发展区域性股权市场的指导意见》，"鼓励符合条件的区域性股权市场挂牌公司到新三板挂牌或证券交易所上市"，逐步将场外优质的前期"私募股权融资引导至区域性股权市场规范进行"，并规定"地方其他各类交易场所不得组织证券发行和转让活动"，并对《试行办法》做了一些补充规定。2023 年 8 月，全国股转公司发布《全国中小企业股份转让系统股票公开转让并挂牌审核指引——区域性股权市场创新型企业申报与审核（试行）》，"专精特新"专板正式落地，标志着新三板和区域性股权市场（四板市场）建立制度型对接的新起点，多层次资本市场的建设更加丰富。

三、区域股权市场融资情况

　　企业在区域股权市场挂牌，可以通过非公开发行股票或可转债进行融资，都是投资方与融资方直接建立关系的直接融资。可转债，即可转换公司债券，是企业向投资者发行的，约定投资者可以在一定期限内以事先确定的价格全部或部分转换为本企业股票的债券。股票融资主要针对企业具有长期资金需要，投资方看好企业发展前景，愿意和企业共享收益共担风险的情况；可转债期限可长可短，同时具有债务融资和股权融资的双重属性，主要针对投资者希望在企业发展较好时获取超额收益，在未达到预期时仍可取得保底收益率的情况，一般利率会低于普通债券，转股行权价格会等于或高于当前股票公允价值。

　　根据《试行办法》第十条，发行股票的条件为：

　　（1）有符合《中华人民共和国公司法》规定的治理结构。

　　（2）最近一个会计年度的财务会计报告无虚假记载。

　　（3）没有处于持续状态的重大违法行为。

　　（4）法律、行政法规和中国证监会规定的其他条件。

　　根据《试行办法》第十一条，发行可转债的条件为：

　　（1）《试行办法》第十条规定的条件。

　　（2）债券募集说明书中有具体的公司债券转换为股票的办法。

　　（3）公司已发行的公司债券或者其他债务没有处于持续状态的违约或者迟延支付本息的情形。

（4）法律、行政法规和中国证监会规定的其他条件。

另外，公司募集资金应当用于经营活动，不得转借。

可见，在区域股权市场发行股票及可转债条件均十分宽松，未对企业财务指标提出具体要求，但由于目前发行及转让市场不活跃，企业尽管较容易取得发行资格，但在募资时仍面临较大困难，需要通过自身资源寻找投资方渠道。一般股票估值水平不仅低于同类上市公司，也低于新三板挂牌公司，可转债则利率较高，而且通过自身渠道融资还需要另外支付较高的中介佣金，目前该市场发展比较缓慢。

监管机关将区域股权市场定位为各省、市、自治区和计划单列市范围内唯一合法股权发行和转让平台和A股市场及新三板市场的蓄水池，后续如果能实现监管部门的规划，进一步完善区域股权市场的市场分层、信息披露和融资服务，将更多的优质私募股权融资引导到区域股权市场内，丰富企业融资品种，则未来该市场仍具有很大的发展空间。

第三章

CHAPTER 3

民间直接融资

第一节
民间融资概述

民间融资，并不是一个严格的法律概念，因此其定义和范围不是十分清晰。一般认为民间融资是指资金需求方与资金提供方不通过金融机构，直接进行投融资的行为。在有些相关文件或报道中，将部分通过类金融机构进行的融资也称为民间融资，本书中则将民间融资、类金融机构融资和金融机构融资作为3类不同融资方式分别介绍，因此，本书中民间融资仅限于资金需求方与资金提供方之间直接进行资金融通的行为。

民间融资是产生最早、历史最悠久的融资形式，是所有其他类别融资形式产生的基础。民间融资没有任何金融机构介入，都属于最典型的直接融资，因此资金提供方的收益基本上就等于资金需求方的成本，中间没有其他融资费用。由于资金供求双方直接对接，一般不存在复杂的交易结构、多方协调或者监管部门审批，因此融资效率相对较高，只要双方达成协议，资金提供方即可放款。民间融资一般以民法、合同法、物权法等民商事基本法律及司法解释为依据，没有大量的专项法律法规予以特别规范，因而受到的限制较少，一般只要不违反法律原则或具体规定即可实施，具备较强的灵活性。

因为民间融资没有专业化的金融机构介入，完全由投融资

123

主体直接寻找合作方并谈判达成合作，所以存在一些无法克服的弊端。投融资双方均不是专业的金融机构，掌握的市场信息有限，难以在短期内迅速找到满意的合作方。资金提供方不具备金融机构的专业能力，难以对资金需求方的资信状况和履约能力进行尽职调查和专业评估。资金提供方的资金实力一般远远不及金融机构，难以满足资金需求方大规模的融资需要。由于资金需求方履约能力较弱且缺乏公开信息披露，民间融资存在严重的信息不对称和较高的违约风险，因此资金成本往往比较高。民间融资双方主体一般都缺乏专业的法律团队，容易发生合同无效甚至构成违法犯罪等法律风险。

总体上，对于多数规模小、业绩不突出、信息不公开、难以通过金融机构融资的初创企业和小微企业来说，民间融资往往是比较常用的融资渠道。但民间融资手段并非是中小企业的专利，任何企业发展中一般都会考虑向原股东融资，像华为这样的企业，股权融资完全来自员工，通过应付账款、预收账款等经营性负债融资的方式则更是为多数企业采用。

第二节
向股东融资

> **资金来源**：原股东或新股东
>
> **融资性质**：股权、债权
>
> **融资方式**：直接融资
>
> **融资期限**：短、长期
>
> **适用企业**：各类企业
>
> **优　　势**：共同进退、程序简单
>
> **劣　　势**：融资规模有限、稀释股权
>
> **实务要点**：内部沟通平衡，优化公司治理，防范法律
> 风险

一、公司所有者

　　股东、客户、供应商、债权人、员工等都是企业的相关利益群体，其中只有股东是企业法律上的所有者，因此是所有利益相关主体中和企业利益关系最为密切的人：企业发展得好，客户固然可以买到更优质的商品，但也可能为此支付更高的品牌溢价；供应商销售额可能相应提高，但也可能要接受更苛刻

的供货条件；债权人收回本息更有保障，但不会超过合同约定的标准；员工的薪酬待遇和职业发展可能更好，但究竟能有多大提升还要看企业所有者的意思；只有股东能够享受所有增加的利润，是最大的受益者。相反，如果企业江河日下甚至走向破产，客户和供应商可以寻找替代性企业，员工最严重的后果是面临失业，债权人风险比前几类主体更大，可能损失利息甚至本金，但仍然比股东风险小，因为企业破产清算中任何债务的清偿顺序都优先于股东出资，只有所有股东都"血本无归"时债权人才会受到损失。

正是由于股东与企业利益紧密相关，在企业出现资金需求时首先向原股东融资成为最合情合理的事情，如果原股东追加投资不足以满足企业需求，或者企业希望吸收能对企业未来发展具有重大作用的人加入成为新股东，那么通过增资引入新股东就是一个可行的选项。向原股东融资的方式比较灵活，既可以采取增资的方式，也可以采取临时借款的方式，前者一般适用于公司需要构建固定资产、扩大业务规模或增加营运资金等长期资金需求，后者一般适用于公司因临时性大额资金支出或预期收入未能及时到账等原因引起的短期资金不足问题。

二、股东内部融资

如果是由原股东按持股比例增资，那么融资成本会非常低，因为所有股东所享有的权益比例保持不变，对公司治理也没有影响，所以无须评估公司价值，股东之间沟通协调一般也不会有太多困难。但是如果因部分股东缺乏资金或不愿参与增资而需要调整股权比例，股东之间可能会对以什么样的估值增资、增资后如何调整公司治理结构等问题存在不同意见，相对沟通成本较高。以股东借款的形式满足企业临时资金需要，在操作上更加灵活简便，既可以向全体股东借款也可以向部分股东借款，既可以按出资比例出借也可以按协商的其他比例出借，既可以约定利息也可以无息借款，一般也不需要采取股东会决议形式，更不需要办理工商变更登记。

很多人以为只有处于初创期、无法获得外部资金支持的公司才会把向原股东融资作为一种主要的融资方式，其实并非如此。向原股东融资是公司融资最简单、最基础的形式，无法获得外部资金的初创公司固然只能主要依靠原股东提供资金支持，处于成长期的企业尽管发展势头良好，但投资价值尚未被外部投资者认可，难以获得合理估值，因此很多企业也是以原股东追加投资为主。即使上市公司融资，法律法规一般也规定了定向增发股份、可转债等融资方式中原股东有优先认购权，配股更是上市公司完全以原股东作为认购主体的再融资方式。

根据融资顺序理论，在有效市场中企业融资成本从低到高的顺序是内部融资、债务融资、股权融资。外部股权融资看似没有强制分红义务，却要稀释企业控制权，在有企业利润时和原股东享有平等的收益分配权，且股权投资的风险性明显高于债权投资，所以投资者预期的回报率也更高。那些不负责任随意增资扩股、新股东得不到合理回报甚至受到损失的企业，必然被资本市场抛弃。优质企业通过企业自身积累或原股东追加投入，不仅省去宣传、推介、中介机构、行政手续相关费用，而且可以保证企业创造出的增量利润"肥水不流外人田"。实践中，很多有着良好赢利能力和成长性的优质企业更加偏爱内部融资，一些上市公司绩优股再融资时新发行股份很大比例由原股东认购，而像华为、娃哈哈、老干妈等优质企业甚至根本不上市，也在一定程度上印证了这一理论。

三、向新股东融资

通过增资扩股吸收新股东不仅可以解决原股东资金不足的问题，还可以通过引入新股东将重要的客户、供应商或其他战略合作方的利益和企业深度绑定，新股东在投入资金的同时还可能带来技术、品牌、渠道、市场等资源，为企业持续发展提供有效的支持。当然新股东也会通过行使表决权参与企业决策、分享企业的利润、派出人员改组企业董事会或管理层，稀释股权比例过大甚至可能导致企业控制权旁落。

企业上市前一般都具有一定的"人合企业"性质，股东之间的信任关系是企业经营稳定的基础，因此发展新股东意味着新的长期伙伴加入，相对于原股东内部融资需要更加慎重，首先要确认新股东的实力和诚信情况及与企业理念是否相合，在此基础上判断是否值得与其合作。其次才是对企业合理估值确定入股价格，新股东的加入还可能导致企业决策机构和管理层人员的变化，这些都必须妥善处理好。

综上所述，向股东融资的基本方式有向原股东借款、原股东增资和引入新股东增资 3 种，向股东融资是企业发展过程中最基本的融资方式之一，具有融资手续较为简单、费用较低、灵活性强、社会影响小等优势，通过原始股东投资形成的企业净资产规模还是企业对外借款以及进入资本市场融资的压舱石，因此应作为企业融资的首选方式。但这种融资方式的局限性也比较明显，原股东资金有限，如果资金需求量较大，往往难以及时融到足够的资金助力企业发展，因此还需要配合一定的外部融资方式。

四、实务要领

在实际操作中，可以首先考虑从原股东融资。如果只是短期资金需求，首先可以考虑向大股东借款，根据公司章程一般由总经理或董事会做出决策，与股东签署《借款协议》，按市场原则约定合理的利息，这里要避免控股股东提供借款约定的利率过高，损害其他股东利益，企业则应当按照约定及时还本付息，否则容易造成企业股东之间利益不均衡，引发矛盾，不利于企业的稳定发展。

如果企业的资金需求是长期的，则应当采取增资方式。原股东均同意增资且具备追加投资的能力，就可以按持股比例投入，由于增资条件相同且增资前后股权比例不变，无须进行估值，直接以追加的出资额增加相应注册资本即可。如果部分原股东反对或无力增资，增资前后股东之间持股比例和利益关系就会发生变化，根据公司法第 43 条，需要在股东之间进行充分协商，根据公司特点以净资产、净利润或销售额等指标进行合理的估值作为增资定价依据。如果全体股东最终协商一致，可在增资方案中直接确定对各股东采取不同的增资比例；如仍无法达到全体一致，只能通过"代表三分之二以上表决权的股东"多数表决权通过的，则增资方案必须保障"同股同权"，否则异议股东可能以方案违反公平性侵害少数股东权益而起诉要求认定无效。比较妥善的是在方案中保障所有股东按照持股比例平等享有增资权利，无法在规定期限内实缴出资的股东可以放弃或在股东内部转让增资权，从而确保方案内容合法合规。制订增资方案后，企业还需要召开董事会、股东会正式做出决议，再由股东实缴出资及办理工商变更登记。

如果内部融资无法满足资金需求，或者企业在业务活动中的重要客户、供应商以及其他可能对企业业务发展具有重大影响的机构或个人希望通过入股的方式形成更加紧密的利益共同体，企业就需要与意向投资方进行洽谈确定新股东增资事宜。

首先应确定的是采取增资还是原股东转让股权的方式，如果企业本身并无资金需求，且部分原股东有减持甚至退出意愿，那么可以由新股东来受让这些原股东的股权。根据公司法，在保障其他股东同等条件下优先受让权的前提下，股权转让数量、价格等只要转让方和受让方协商一致即可，这种形式并不属于企业融资，因此不再详述；如果企业需要增加投资，则新股东需要通过增资方式加入。首先原股东之间要进行沟通，就增资金额、估值、新股东股权比例、增资后企业治理结构等重要问题充分讨论并至少达到"代表三分之二以上表决权的股东"同意，否则增资方案无法获得股东会通过。在形成内部意见后，企业需要和新股东进行谈判落实增资方案并签署附生效条件的出资协议，即该协议在企业股东会通过增资方案后生效。企业按规定召开董事会，股东会正式做出决议，再由新股东实缴出资及办理工商变更登记。与原股东增资相比，吸收新股东增资更需要关注新股东的适当性，并慎重处理好估值、持股比例和企业治理结构问题。

在新股东适当性上，首先必须保证新股东身份合法，否则不仅会对企业未来上市造成严重不利影响，甚至存在直接给企业带来涉诉或处罚等法律风险。重点关注以下事项：

（1）新股东是否具备作为企业股东的民事权利能力和民事行为能力，根据现行规定，各级国家机关、军队单位等都不能作为一般企业股东，国家现任公务员不得投资企业，退休一定期限内也不得投资原管理范围内的企业。

（2）法人股东出资应依法履行相应内部决策程序，其中国有企业还应符合《企业国有资产监督管理暂行条例》等相关规定。

（3）新股东如为境外机构或个人，应符合外商投资企业相关规定。

（4）企业所属行业对股东资格有特定要求的，新股东应符合相关规定。

（5）新股东拟担任企业董事、监事或高级管理人员的，不得存在公司法第146条规定的禁止性条件。

（6）新股东为其他企业董事、高级管理人员的，不存在违反公司法第 148 条第（五）项"竞业禁止"义务；与其他企业解除劳动关系的，不存在违反《竞业限制协议》情形。

（7）新股东资金来源合法，防范"股权代持"风险。

（8）其他重要事项。

除以上法律问题之外，新股东是否具备能够帮助企业发展的资金、资源、技术等优势，是否具有良好的市场诚信，是否与企业发展理念相合，是否与企业现主要股东关系融洽也是不可忽略的考虑因素。

其次，要在对企业进行科学估值的基础上与新股东协商增加价格，避免畸低畸高。过低的估值贬低了企业价值损害原股东利益，过高的估值不仅增加了谈判难度而且树立了不合理的参考标准，还将影响企业今后的融资。理论上最严谨的估值方式是现金流量折现法，即通过预测企业未来每年的净现金流入并以合理的折现率来计算当前企业的价值，属于绝对估值法。由于企业本质就是营利性组织，因此这一方法理论上很完美，且适用于所有类型企业，但无论对未来业绩的预测还是折现率的选择都具有很强的主观性，所以实践中往往准确性不高，且投融资双方信息严重不对称，新股东预测企业赢利前景只能依赖于原股东提供的信息，以该方法估值对新股东非常不利。因此除非有强对赌条款保障，否则该方法在实际谈判时通常不会作为主要估值依据。相对估值法的基本逻辑是通过可比企业的价值间接评估标的企业的价值，该方法虽然逻辑上不如绝对估值法严谨，但简单易行且实际效果较好，因此在投融资实务中被广泛应用。具体做法是先找到适合企业的核心指标作为估值依据，一般形成较稳定的赢利能力的企业以净利润作为核心指标，不具备稳定赢利能力的企业需要采取其他指标，例如重资产企业可以以净资产作为核心指标，销售型企业可以以销售额作为核心指标；再参考可比企业市场价值与核心指标的比例，计算出市盈率、市净率（市值比净资产）、市销率（市值比销售收入）等比例，乘以本企业相应指标金额，计算出本企业的估值。同等条件下，通常上市企业因股份流动性强而估值远远高于非上市企业，如果可比企业为上市企业而本企业为非上市企业的，一般还需要扣除流动性溢价的影响。

✍ 案例　非上市企业采用市盈率估值的方法

某非上市食品制造企业甲公司近 3 年的年均净利润稳定在 5000 万元左右，另一家 A 股上市的食品制造企业乙公司与其业务模式和产品基本一致，属于可比公司。乙公司近 3 年的年均净利润稳定在 8000 万元左右，A 股市值总额为 24 亿元，假设该行业 A 股上市企业相对于非上市企业的溢价平均为 3 倍。则甲公司价值计算公式如下：

甲公司价值 = 乙公司价值 ÷ 乙公司净利润 × 甲公司净利润 ÷ 流动性溢价 =24（亿元）÷ 0.8（亿元）×0.5（亿元）÷3=5（亿元）

企业还应当掌握好融资的节奏和每次融资的规模。在估值确定的情况下企业融资越多，增资后新股东持股比例就越高，一些企业为长期发展希望多融点资，结果使新股东占了较大持股比例。其实，企业随着发展壮大，价值会逐步提升，也就是说相同金额股权融资所稀释的股权比例会越来越小，因此"一次吃饱"的过度融资思维是短视和不理性的行为，不仅以较低的估值出让了大量企业股份，还会对外展示出企业创始团队对未来发展缺乏信心的"套现"心态，不利于树立良好的市场形象，更为严重的是控制权的稀释甚至转移有可能使企业治理发生不利变化，造成"大权旁落"或"股东内耗"等问题。因此企业首先应对阶段性资金需求量做好评估，坚持"适度融资"的基本理念，对于成长较快的企业，除应对 IPO 等较长期间不能进行股权融资的特殊情况外，每次融资以满足未来 1 年业务规划的资金增量需求为限，随着企业业务发展和价值提升每年都可以融资，每次融资合理提升估值，让每次加入的新股东都能感受到通过企业成长初始投资不断增值，对外彰显企业蒸蒸日上的良好形象。

如果原股东并没有被并购的意愿，但由于企业资金需求量大而不得不对新股东出让较高比例股权，如何尽可能维持企业控制权的稳定呢？可采取的应对措施是老股东之间建立更加团结的合作关系，必要时签署"一致行动人协议"确保各原股东控制的表决权在增资后"用一个声音说话"；同时可尽量多引入几家彼此没有关联关系的新股东，从而分散单一新股东的持股比例。

📖 案例　股权融资中保持控制权的方案设计

　　某企业原股权结构为 A 股东持有 50%、B 股东持有 30%、C 股东持有 20%，现因企业业务迅速扩张需要大规模进行厂房设备投入，拟增资金额对应股权预计占增资后注册资本的 40%，A 股东占 30%、B 股东占 18%、C 股东占 12%。

　　原方案：直接引入一名新股东，增资后新股东占 40%、A 股东占 30%、B 股东占 18%、C 股东占 12%。新股东成为第一大股东，企业控制权发生重大变化。

　　改进方案：原股东 A、B、C 签署"一致行动人协议"，约定在股东会表决时按照 A 股东意见采取一致行动，引入 4 位新股东，各新股东出资额相同。增资后 A 股东占 30%、B 股东占 18%、C 股东占 12%，3 位具有一致行动关系的股东合计持股 60%，新进入 4 位新股东各持股 10%，彼此无关联关系。本次增资后企业控制权仍在以 A 股东为核心的创始股东手中，企业控制权未发生重大变化。

　　新股东的进入一般会导致企业治理结构的相应调整，企业治理结构的变化不仅与新股东所占的股权比例密切相关，还取决于新股东投资的目的。投资的目的可大致划分为 3

类:（1）并购，即以获取被投资方控制权为目的的投资行为。（2）战略投资，即不以控制为目的，但通过投资及参与企业决策和经营管理获取长期回报的投资行为。（3）财务投资，即不参与企业决策和管理，以获取中短期财务价值为目的，主要通过溢价退出实现资本增值的交易行为。并购投资者通常与企业处于相同或类似行业，或者是产业链中的上下游，也有个别其他行业经营者进行跨界并购，多见于被并购企业处于受到资本市场热捧的新兴朝阳产业的情况，并购者通常谋求第一大股东的地位，甚至希望获取 50% 以上绝对控股权。并购投资者迟早会通过改组董事会或派入管理人员控制企业，但在入股谈判时一些并购者为掩饰自己的目的反而可能做出一些"低调"表态，不过多介入企业治理，却不会同意正式放弃或委托自己的股份表决权，其实还是以退为进，先取得股东地位再逐步通过行使股东权利参与直至控制企业经营管理。对于不希望放弃企业主导权的原始股东而言，必须警惕和远离以并购为目的的投资者，可从对方业务背景、拟获取股权比例、对增资后企业治理的规划等角度对入股目的进行综合判断。战略投资者对大多数企业而言都是最理想的投资方，其投入的资金可以长期使用且不面临回购压力和股权结构重大变化风险。很多战略投资者在业务上与标的企业存在购销、服务等合作关系，把一些重要的大客户、核心技术授权方变成企业的股东，对于实现更紧密的利益绑定和稳定的长期合作关系具有重要意义。当然吸引战略投资者也要付出一定代价，通常此类投资者由于对企业影响力较强，往往在投资估值上会低于其他类型的投资者，另外企业还要掌握好尺度，避免对其过度依赖，让战略投资者最终演变成并购投资者。战略投资者一般参股比例在 5%~30%，通常不谋求第一大股东地位，一般会要求在董事会、监事会中占有与其持股比例相适应的席位，战略投资者不会要求提名董事长或总经理之类职位的人选，但较为强势的战略投资者可能会为保障日常监督权而要求派出财务总监。财务投资者通常持股比例不高于 10%（也有财务投资者出资比例很高的情况，多见于以技术、渠道等为核心资源要素的行业），与标的企业没有业务上的联系，是比较纯粹的资金提供方。相信核心团队的经营管理能力是财务投资最基本的逻辑，因此通常没有介入企业决策和管理的意愿，一般不需要提供董事席位，也不会派出管理人员，但投资比例较高的财务投资者有可能派出一名监事，出资比例很高的财务投资者甚至可能派出财务总监进行日常监督。综上所述，根据新股东的持股比例和在企业中发挥的积极作用，给予其相应的参与决策、管理或监督权，合理平衡新老股东的关系，不仅有助于顺利完成融资，更对完善企业治理和维系新老股东之间的良好合作关系具有重要作用。

最后，将本节中向股东融资的各种方式、特点及流程简要总结如下，见图 3-1。

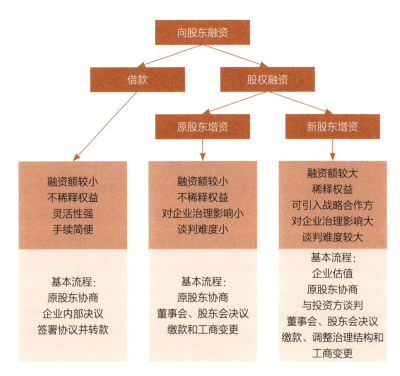

图 3-1　向股东融资

第三节
向员工融资

资金来源：内部员工

融资性质：股权、债权

融资方式：直接融资

融资期限：中、长期

适用企业：非上市公司

优　　势：融资金额较大，绑定企业与员工利益

劣　　势：影响企业治理规范性，内部协调难度大

实务要点：防范法律风险，自愿平等公平原则，做好
　　　　　　内部宣传工作

一、向员工融资的条件

　　员工与企业之间属于劳动关系，即员工在企业的统一组织和管理卜为企业取得收入和利润目的进行非独立劳动，并按约定定期从企业获得劳动报酬的关系。劳动关系与一般委托关系、承揽关系、劳务关系相比，更具有隶属性和稳定性特征，使员工更了解企业的情况，相比于外部投资者来说拥有更丰富

和准确的信息来判断企业价值。对于一个健康、快速发展的非上市企业而言，由于其经营管理信息不公开，外部投资人难以判断企业价值，员工就成为仅次于股东了解企业并愿意投资企业的主体。与股东可以随时向企业提供借款满足企业临时性需要不同，向员工融资应保持慎重，因为从生产关系的基本性质看，股东提供资金，员工提供劳动，不同身份提供不同的生产要素是一般社会共识。一个企业如果经常性地向员工借款或者让员工垫付大额支出，会被认为其财务安全性甚至经营者诚信度都有较大问题，不仅难以与员工建立起互信和稳定的合作关系，对外也会给企业形象造成非常不好的影响。由此可见，一个健康的企业绝不能把向员工融资当作应付临时资金缺口的家常便饭，必须认真设计方案、慎重实施，只有同时符合以下情况才应考虑向内部员工融资：

（1）融资金额较大，只靠原股东增资无法满足资金需求。

（2）投资风险较小，预期可取得不低于市场水平的投资回报率。

（3）向员工融资比引入战略投资者更合适。

（4）员工具有参与投资的意愿。

具体分析，为企业发展提供资金的第一责任人显然是股东而非员工，如果资金需求不大且股东出资不存在困难，首先可以由股东提供，当资金需求超过现股东承受能力，但又没有合适的新股东可以引入，或者通过员工参股实现利益绑定对企业发展的积极作用更大，那么就可以考虑采取向员工融资的方式，同时企业经营团队应当以负责任和诚信的态度对待员工，不能在企业陷入危机预期难以改善、自身都不愿追加投资的情况下欺骗或强迫员工参股，这样不仅不能起到正向激励作用，还可能引起骨干人员离职甚至劳动纠纷，使企业面临更加不利的局面。

二、向员工融资的特征和分类

股权激励计划也具有向员工融资的属性，但与本节所述的作为一种融资方式的向员工融资存在较大差异，企业经营者在使用时应分清两者差异，根据目的正确制订方案，避免将二者混淆，具体比较见表3-1。

表 3-1　向员工融资与股权激励对比

项目	向员工融资	股权激励
首要目的	融资	员工激励
适用主体	非上市公司	上市公司及非上市公司
适用范围	全体员工	管理层和其他核心人员
融资性质	股权、借款	限制性股票、股票期权
融资规模	较大	较小
分配方式	以达到目标融资额为主	根据岗位、工作年限、业绩等
锁定期	一般不设锁定期	一般在 3 年内逐步解锁
定价依据	公允价值合理回报	一般低于公允价值，具有福利性

根据性质的不同，向员工融资主要有股权融资和债务融资两大类，实践中两者都比较常见，下面对两者进行简单比较，

以便企业经营者做出适当的选择，见表3-2。

表 3-2 股权融资与债务融资对比

项目	股权融资	债务融资
法律关系	公司-股东关系	债务人-债权人关系
是否稀释股权	是	否
是否需要还本	不需要	需要
员工投资收益	分红和股份增值	固定利息率
员工投资风险	相对较高	相对较低
决策程序	股东会批准	适用企业章程借款审批权限
工商变更	办理股东变更登记	无须办理工商登记

　　通过比较，我们发现股权融资的优点在于员工利益和企业利益联系更为紧密，激励效果更明显，债务融资的优点在于员工投资风险相对较小，回报相对确定。另外，股权融资会稀释原股东表决权，尽管可以通过有限合伙持股平台由企业实际控制人担任 GP（普通合伙人）控制表决权，但员工因为间接持有股权而会产生更强的参与管理意识。综上，对于发展空间大、员工持股意愿强、鼓励员工积极参与管理的企业，更适合于向员工股权融资，反之则采取债务融资较为适宜。

　　向员工募集股份最成功的案例莫过于华为的崛起。尽管现在的华为不仅净资产充足且享有银行巨额信贷额度，不再需要依靠向员工发行股份募集资金，其员工持股的主要目的是对员工进行激励和奖励；但在 20 世纪 90 年代初期，华为刚开始推行这一制度时的主要目的确实是为了解决融资难问题，是为企业业务发展采取的内部融资措施。如今员工持股已经成为华为重要的企业文化和基本制度之一。

✍ 案例　华为的员工持股制度

　　我国通信巨头华为的股权结构很有特点，集团总部华为投资控股有限公司的股东有两个，一个是创始人任正非，持股比例仅为1.01%，另一个是公司的工会委员会，持股比例为98.99%，这一股权架构就是华为长期坚持"员工持股"制度的集中体现。

　　华为起步于1987年，在20世纪90年代初就提出内部融资、员工持股的概念，基本做法是入职1年以上的员工即可以按面值购买企业股权，股权数量根据其职级、资历、绩效等因素确定，工会作为持股平台统一持股，员工不登记为股东，只享有分红权，离职时企业按原价回购其股权再授予其他员工。

　　华为的员工持股模式，早期对于解决企业发展所需资金起到了重要作用，如今虽然华为实力雄厚，已不必向员工集资，但这一制度保障了大多数员工都能够根据其对企业的贡献参与利润分配，激发了员工的主人翁意识和工作热情，成为代表华为企业文化的一项基本制度。虽然这样的股权架构导致华为无缘上市，但华为至今仍毫不动摇。

三、法律风险防控

尽管向员工融资是企业解决资金瓶颈的一个有力措施，但如果操作不规范或涉及人员数量过多，有可能成为企业以后IPO的障碍，甚至会直接造成法律风险，在向员工发行股份时应重点关注以下问题：

（1）原股东应明确放弃公司法中优先认缴出资的权利。

（2）根据公司法不得公开募集股份，因此投资人仅限于企业内部员工，不得采取公开宣传方式向不特定对象募集。

（3）根据公司法有限责任公司直接持股股东数量不超过50人，股份有限公司直接持股股东数量不超过200人。

（4）直接股东和间接股东合计超过200人的，虽不违反公司法，但会成为企业以后A股IPO的实质性障碍。

（5）工会、工会委员会、职工持股会作为企业股东的，会成为企业以后A股IPO的实质性障碍。

（6）直接股东数量较多，会导致企业决策困难，可通过有限合伙持股平台解决。

具体分析，非上市公司不可公开发行股份，股东也不能超过200人，这是企业向员工发行股份的法律边界，因此企业在向职工发行股份时应坚决避免通过公开方式对外宣传募集以及突破员工范围向社会募集，否则将可能被认定为非法集资行为，受到法律严惩。通过多个企业、有限合伙等持股平台间接持股的，实际股东总数可以突破 200 人限制，但该情况到 IPO 时必须清理，因此有未来上市计划的企业不建议采取这种架构。工会、工会委员会、职工持股会这些组织，历史上有些被登记为企业股东，例如华为最大股东即为该企业的工会委员会，但根据民政部办公厅 2000 年 7 月 7 日印发的《关于暂停对企业内部职工持股会进行社团法人登记的函》[民办函〔2000〕第 110 号]的精神，职工持股会属于单位内部团体，不再由民政部门登记管理。在民政部门不再接受职工持股会的社团法人登记之后，职工持股会不再具备法人资格，不再具备成为企业股东的主体资格。根据中国证监会《关于职工持股会及工会持股有关问题的法律意见》（法协字〔2000〕第 115 号），"停止审批职工持股会及工会作为发起人或股东的公司的发行申请"。尽管未达到以上股东数量限制，但股东数量较多的情况下，为避免表决权过度分散或者办理工商变更文件需要众多股东签署，可以通过有限合伙平台持股，一般员工作为 LP（有限合伙人），由实际控制人作为 GP（普通合伙人），从而维护企业治理的稳定和高效。

向员工借款同样要将出借人范围限定在员工以内，避免非法集资风险，依据为《最高人民法院关于审理非法集资刑事案件具体应用法律若干问题的解释》第一条。

另外，根据《最高人民法院关于审理民间借贷案件适用法律若干问题的规定》第十一条规定，合法地向员工借款是得到司法机构的承认和保护的。判断向员工借款的合法性有两个关键点，一个是不向社会公开宣传，只向员工吸收资金，另一个是所得资金应当用于本单位生产、经营，不得转贷牟利。为避免相关法律风险，企业向员工借款时应根据借款金额按照章程规定的决策权限做出相关书面决议，并与每一位提供资金的员工分别签署书面借款合同，约定本金、利息、期限、出借和归还日期、违约责任等主要条款，为避免争议还可以明确约定双方用于结算的银行账户信息。

在整体方案符合法律法规的前提下，还应当保证推进的手段合法合理，遵循自愿、平等、公平的原则。自愿原则基本要求是不能利用企业在劳动关系中的优势地位，对不愿出资的员工采取"穿小鞋"甚至威胁降薪、辞退等方式，或者通过直接从工资中扣除等方式强迫员工出资，这样做不仅起不到团结员工的作用，反而会导致单位与劳动者关系恶化，员工还可能采取法律维权，对企业的负面影响很大。在遵循自愿原则的基础上，要尽可能做到平等和公平，制定统一的规则，把所有员工纳入方案中，所有参与融资的员工平等享受权利承担义务，不要采取不同级别岗位员工给予不同回报率的做法，避免造成不必要的内部矛盾。

在实施融资前，应做好内部宣传工作，让员工能够充分理解和认可本次融资的必要性、企业的良好发展前景、条款的公允性、参与融资的权利和义务、收益和风险等，让员工在充分知情的情况下做出理性判断、自愿投资，激励员工共同努力为企业创造美好未来，同时避免潜在纠纷，达到共赢效果。

第四节
向特定对象借款

资金来源：外部非金融机构或个人

融资性质：债务融资

融资方式：直接融资

融资期限：短期

适用企业：中小微企业

优　　势：灵活快速

劣　　势：只能用于短期周转，通常利率较高，容易发生法律风险

实务要点：来源合法、用途合法、利率合法、合同规范

一、资金拆借的特征

　　在内部融资无法满足企业需要时，企业需要从外部融资，对于中小微企业来说，取得金融机构借款或者专业投资机构股权融资难度都很大，快速取得外部融资最直接简单的方法就是向其他机构或个人借款，也就是通过民间借贷取得资金，发生

147

在企业之间的借贷一般称为"资金拆借"。这种融资的信用基础是借贷双方长期来往所产生的信任感，也就是通俗说的"江湖救急"。因此，资金提供方通常都是与企业有长期业务往来合作关系的机构，或与企业核心人员私人关系密切的个人，包括供应商、客户、其他合作方、企业负责人的亲朋好友等。由于企业自身实力有限且缺少可靠的抵押担保，这种借款对债权人来说风险较大，因此一般只能提供 1 年以内的短期借款，通常利率也比较高，只能作为企业资金周转发生暂时困难时的救急手段，难以提供满足企业长期发展所需资金投入。

二、资金拆借合法性

长期以来金融监管部门和司法机关对资金拆借这种融资方式的合法性不予认可，使非金融企业之间的资金拆借行为面临很大的法律风险。中国人民银行 1996 年制定并颁布的《贷款通则》就明确将未取得相关金融证照的企业进行资金借贷认定为违法行为，中国人民银行还在《关于对企业间借贷问题的答复》（银条法〔1998〕13 号）中对禁止企业借贷之间借贷的目的作了进一步解释。1996 年 9 月 23 日《最高人民法院关于对企业借贷合同借款方逾期不归还借款的应如何处理问题的批复》也认定"企业借贷合同违反有关金融法规，属无效合同"。由此可见，长期以来非金融企业间资金拆借被认定为违法行为，要承担合同无效、行政处罚、司法机关收缴利息等法律责任。

由于较长时期内法律禁止企业间资金拆借，诞生了委托贷款的形式，即出借资金的企业作为委托方将资金提供给银行，由银行向指定的借款方发放贷款，银行收取一定比例的手续费（一般为本金的 1% 以内）。委托贷款主要的作用就是使企业资金拆借合法化，借款方、期限、利率、资金用途等都由委托方决定，银行只负责发放贷款和收取本息，不承担债务违约风险，因此实质上仍属于企业间资金借贷行为。2018 年中国银监会发布《商业银行委托贷款管理办法》对委托贷款进行规范管理，其中第十条、第十一条对资金来源和用途做出以下规定，商业银行不得接受委托人下述资金发放委托贷款：

（1）受托管理的他人资金。

（2）银行的授信资金。

（3）具有特定用途的各类专项基金（国务院有关部门另有规定的除外）。

（4）其他债务性资金（国务院有关部门另有规定的除外）。

（5）无法证明来源的资金。

企业集团发行债券筹集并用于集团内部的资金，不受本条规定限制。

商业银行受托发放的贷款应有明确用途，资金用途应符合法律法规、国家宏观调控和产业政策。资金用途不得为以下方面：

（1）生产、经营或投资国家禁止的领域和用途。

（2）从事债券、期货、金融衍生品、资产管理产品等投资。

（3）作为注册资本金、注册验资。

（4）用于股本权益性投资或增资扩股（监管部门另有规定的除外）。

（5）其他违反监管规定的用途。

随着市场经济的深入发展，国家对民间借贷行为的宽容度逐步提升，直到 2015 年 6 月 23 日最高人民法院通过《关于审理民间借贷案件适用法律若干问题的规定》，最高人民法院审判委员会专职委员杜万华介绍："此次公布的司法解释规定，企业之间为了生产、经营需要签订的民间借贷合同，只要不违反合同法第 52 条和本司法解释第 14 条规定内容的，应当认定民间借贷合同的效力，这也是本司法解释最重要的条款之一。"至此，除以下情形之外，企业之间"为生产、经营需要"进行的资金拆借才开始被认定为合法有效的民间借贷行为。

与企业间资金拆借相比，企业向个人借款行为的合法性相对较早取得法律认可，1999 年公布实施的《最高人民法院关于如何确认公民与企业之间借贷行为效力问题的批复》就有相关规定。

在企业间为生产、经营需要相互进行资金拆借和企业向个人借款原则上被认定合法后，最主要的风险是被认定为"非法吸收公众存款罪"。根据《最高人民法院关于审理非法集资刑事案件具体应用法律若干问题的解释》第三条规定，单位通过公开宣传向不特定对象融资，构成以下几种情形之一的应当追究刑事责任："非法吸收或者变相吸收公众存款，数额在 100 万元以上""非法吸收或者变相吸收公众存款 150 户以上""给存款人造成直接经济损失数额在 50 万元以上"或者"造成恶劣社会影响或者其他严重后果"。这些标准构成了企业对外融资借款的红线。

三、实务要领

在向其他机构或个人借款时，首先应当判断出借方资金来源是否合法，是否可以用于资金拆借，明知或应当知道对方资金为违法所得，或者系套取信贷资金高利转贷、员工集资高利转贷的，借款合同无效。其次，要保障借款用途合法，即用于正常生产经营活动，不能转贷牟利，更不能用于违法活动。再次，在利率的约定上要合法，根据《最高人民法院关于审理民间借贷案件适用法律若干问题的规定》，借贷双方约定的利率超过合同成立时一年期贷款市场报价利率 4 倍的，不受法律保护。自 2019 年 8 月 20 日起，中国人民银行授权全国银行间同业拆借中心每月发布一年期贷款市场报价利率。

借款要采取书面形式签署合同，要明确约定出借金额、出借日、期限、利率、还本付息方式、担保物或保证人（如有）等核心内容，对于违约责任、准据法、管辖等其他条款尽可能做出详尽约定，以免因约定不明确造成履行中产生争议。为确保在合同的履行上证据充分、不存在争议，在借出款项、支付利息和归还本金时，双方应使用各自名下的银行账户进行转账支付，并对每次支付款项的性质进行备注说明。

第五节
托管式加盟

资金来源：外部个人

融资性质：债务融资

融资方式：直接融资

融资期限：长期

适用企业：加盟型企业

优　　势：投资项目明确、条款灵活、风险收益平衡

劣　　势：谈判成本高、政府监管严格、易发生纠纷

实务要点：完善合同并严格履行、遵守法律和行政
　　　　　　监管

一、托管式加盟概述

商业"加盟"，即商业特许经营，是指拥有注册商标、企业标志、专利、专有技术等经营资源的企业（以下简称"特许人"），以合同形式将其拥有的经营资源许可其他经营者（以下简称"被特许人"）使用，被特许人按照合同约定在统一的经营模式下开展经营，并向特许人支付特许经营费用的经营活

动。托管式加盟与普通加盟模式的最大区别在于，加盟店直接由特许人进行经营管理，被特许人只出资不参与管理，特许人定期向被特许人支付经营利润，因此其"融资"属性比"特许经营"属性更加突出。托管既可以作为加盟店设立初期的过渡性安排，如特许人在对加盟店托管经营6个月后移交给被特许人经营管理，从而保障顺利完成开店并使经营进入正轨；也可以作为一项长期的基本合作模式使用。托管主要适用于被特许人不具备经营管理的意愿或能力且希望获取相对稳定收益的情形，前者是普通加盟在运营初期的特殊安排，后者才是真正意义上的托管式加盟。

二、加盟的主要合作模式

"加盟"模式能够帮助企业迅速扩大经营规模，但并非所有企业都可以套用，只适用于直接面向终端消费者，采取"标准化"经营模式提供产品或服务，以品牌、核心技术、经营管理方式作为核心竞争力，具有高度可复制性的行业和企业，例如餐饮、娱乐和生活服务等行业。托管式加盟虽以融资为实质目的，但仍具备"加盟"的基本要素和形式，适用领域与普通加盟相同，也以被特许人的名义开设加盟店（一般应采取设立独立企业形式），并承担场地租金、装修、设备购置、存货采购、人员薪酬等费用，特许人许可被特许人的加盟店使用其品牌、核心技术并收取"加盟费""管理费"等，区别在于管理方式或分配方式不同，由此导致双方权利义务和各自承担的风险及享受的收益不同。

如果特许人只在普通加盟收费基础上增加针对托管服务定期收取的固定"管理费"，并将加盟店扣除上述费用后的全部利润支付给被特许人，这种模式就是纯粹意义的"特许＋托管"，双方的基本权利义务关系与普通加盟比较类似，只是增加了托管服务并收取相应费用。如果约定将特许人主要收费与加盟店业绩挂钩（例如按税前利润一定比例收取），则双方对于加盟店经营就具有了共享收益、共担风险的特征，类似于股东之间的关系。如果特许人定期向被特许人返还固定或相对固定的收益，超额利润或经营亏损由特许人享有或承担，甚至约定若干年后向被特许人返还投资本金，则是特许人以"加盟"之名行向被特许人借款之实。几种合作模式具体比较见表3-3。

表3-3　加盟模式比较

类型	经营者	收益分配	风险承担
普通加盟	被特许人	特许人收取加盟费用，被特许人取得经营收益	经营风险由被特许人承担

托管式加盟	"特许+托管"型	特许人	特许人收取加盟费用和托管费用,被特许人取得剩余经营收益	经营风险由被特许人承担
	"按业绩分配"型	特许人	特许人和被特许人按加盟店业绩分配收益	本金损失风险由被特许人承担,收益变动风险双方共同承担
	"固定回报"型	特许人	被特许人取得固定收益,有的还约定归还本金,其余经营收益归特许人	经营风险由特许人承担

三、托管式加盟的特征

"加盟"或"商业特许经营"关系基于特许经营合同产生,属于"合同之债"的范畴,我国法律并没有对该法律关系做出专门规定,因此应当适用于民法典等相关民商事法律一般规定,即只要基于双方平等、自愿、公平签署的协议,且不违反法律和公序良俗,即具有法律效力。为规范商业特许经营活动,促进商业特许经营健康、有序发展,维护市场秩序,国务院于 2007 年 2 月颁布了《商业特许经营管理条例》,由商务主管部门对加盟行为进行备案管理,特许人必须是企业单位,并且符合"至少 2 个直营店,并且经营时间超过 1 年"的基本条件,应当签署书面特许经营合同并采取备案管理,从行政管理的角度对商业特许经营的条件及行为规范做出了相应规定。

大多数民间融资方式中，融资企业对于融入资金投资项目情况要么语焉不详，要么虽有介绍但缺乏保障资金投向的有效监督机制，难以真正实现专款专用。采取托管式加盟方式向被特许人融资，被特许人一般都会选择其所在城市的加盟店进行投资，即使不参与经营，通常也会了解每笔大额资金投向和项目进度，确保自己的投资用于加盟店建设和经营，比一般融资方式中把资金一次性全部投入融资企业，由融资企业安排资金使用更加安全。

由于加盟双方之间的权利义务关系可以在不违法的前提下自行约定，融资企业可以根据业务发展需要选择适合的加盟模式，甚至同时采取多种模式并行，因此这种融资方式具有很大的灵活性。例如，对于风险偏好较高的投资人可以采取"按业绩分配"模式，对于保守型投资人可以采取"固定回报"模式，还可以在较低的固定回报基础上对超额收益按约定比例分配。企业未来有转为直营规划或者投资人希望有退出安排的，可以在合同中约定特许人回购加盟店股份的相应条款。加盟模式本身也不是一成不变的，可以在合同中约定在满足一定业绩条件或一方提出要求时转变加盟方式等条款。

被特许人采取设立独立企业的形式进行合作，所有投资均直接投入加盟店建设和经营，可以有效实现与特许人其他资产和负债（包括其他"加盟店"）的风险隔离。特许人直接对加盟店进行"托管"经营，可有效降低普通加盟模式下的质控风险，维护各加盟店经营理念、管理方式、产品和服务标准的统一性。各种不同的托管加盟模式对应各自不同的风险收益组合，可根据双方实际需要选择适合的合作模式，从而达到各自认可的风险收益平衡点。

尽管托管式加盟有上述诸多优势，但实际应用难度却不小。这种模式应用范围有限，只适用于可采取加盟经营方式的企业，而其他类型企业无法套用。由于这种合作较为复杂，涉及授权项目、权限范围、地域和期限、投资预算、店面标准、产品和服务标准、供货管理、规章制度、宣传推广、收益分配和费用承担、消费者权益保护措施、违约责任等众多事项，还可能包括门店转让或回购、合作方式变更等特殊条款，一般合作前被特许人都会对特许人经营情况进行较为仔细的考察，反复斟酌合同条款，甚至可能对多个同行业特许人进行比较后才会签署合同，谈判成本较高。商务主管部门对特许经营合同并采取备案管理，特许人如果对被特许人完全采取"保本保收益"的合作模式，打着"加盟"的旗号借债，有可能面临不能通过备案的风险，目前一些不具备"至少 2 个直营店，并且经营时间超过 1 年"条件的企业发展加盟商，或者特许经营合同不进行备案，都面临违反监管要求而受到行政处罚的风险。特许经营的复杂性决定了签署合同后，在履行过程中很容易出现纠纷，被特许人主要负责资金投入，是否按约定履行了合同相对清晰，而特许人提供的设备和原料是否符合质量要求，双方可能产生争议，宣传推广、托管等服务是否达标则更难以界定，实践中一旦加盟店效益不佳，被特许人未能实现预期收益，很容易与特许人产生纠纷，甚至引发诉讼，对企业发展产生较大负面影响。

四、实务要领

要实现以托管式加盟达到融资助力企业发展的目的，应判断自身企业所处行业及业务模式在核心资源和可复制性方面是否适合采取加盟连锁方式经营，并且符合我国对商业特许经营的被特许人的各项基本条件。签署特许经营合同一般都是在特许人签订的合同范本基础上进行协商，特许人在制定合同具体条款时一定要认真斟酌，要综合考虑法律规定、本企业情况、融资目的、风险与收益的平衡等因素，既要满足企业发展的需求，又要具备可行性，能够为被特许人所接受，主要条款履行的标准应当明确，违约行为及法律责任应具体清晰，从慎重出发建议企业在内部充分论证和专业人士指导下制定合同范本。

可以根据需要制定几种类型的范本，但不应再根据部分被特许人的个别需求对范本内容随意修改补充，加盟模式一旦失去标准化，后续管理将变得非常困难；在谈判中应向被特许人充分解释说明合同关键条款，确保其对双方权利义务，项目的收益和风险有充分认识；签署后应严格依照合同履行，遇到客观环境发生不可预见的重大变化需要变更或解除合同时，需及时做好沟通协调工作。

第六节
预收款、采购账期和商业汇票

资金来源：客户及供应商

融资性质：债务融资

融资方式：直接融资

融资期限：短期

适用企业：各类企业

优　　势：融资成本低、来源稳定、手续简便

劣　　势：融资规模有限

实务要点：认清本企业在产业链中的地位，做好资金预算

一、经营性负债的融资功能

企业不仅通过发行股份或借款等方式专门进行融资，还可以通过日常经营活动"不知不觉"地进行融资，我们在企业的资产负债表的"流动负债"中可以看到"预收账款""应付账款""应付票据"等项目，很多企业这些经营性负债总金额占比还很大，这些经营性负债就是企业通过在日常经营中提前收

款或推迟付款无偿地占用客户或供应商的资金形成的一种短期债务融资。预收账款是企业在发货前向客户提前收取货款，应付账款是企业要求供应商企业先发货，再在一定期限内支付货款，应付票据是企业在收货时向供应商出具附一定期限的商业承兑汇票或银行承兑汇票代替付款。在持续的业务活动中不断偿还旧的经营性负债并产生新的经营性负债，这种循环往复会使企业账上的经营性负债余额一直存在，且与其采购和销售规模形成相对稳定的比例关系。

正常情况下，一个企业经营性负债占其业务规模的比例高低，主要取决于行业特征和企业在产业链中的地位，同时企业也可以通过一些主动的采购和销售政策进行调节。企业主动增加经营性负债的策略包括对客户预付货款给予优惠、争取供应商延长账期等。企业在占用其他企业资金的同时自己的资金也会被其他企业经营性占用，即经营性债权，因此企业还可以通过在采购时变预付为现货交易甚至取得账期、销售时通过给予现金折扣等方式加快账款回收等方式减少其他企业对自己的资金占用，同样能够起到改善公司资金流的效果。

二、经营性融资的优势

通过调节经营性资产负债的方式实现短期融资效果的核心要旨在于"早收晚付"，只要企业在与客户、供应商商务谈判中有意识地尽量争取"早收晚付"，不需要专门履行内部决策程序，更不需要办理工商登记或备案，因此手续比增资或借款简便。这种方式融资既不需要支付利息也不需要分红，更不会稀释原股东的表决权，通常是一种零成本的短期融资。但以下情况也是有成本的：为取得预收账款而给予优惠时，给客户的优惠条件就是融资成本；为取得账期而支付较高价格或放弃供应商提供的现金折扣时，价格高于现付的差价或放弃的现金折扣即是融资成本；实践中一些企业不当、过度使用经营性负债，超过账期、拖欠货款或者不按约定期限拖延供货，都会导致企业市场信誉受到严重损害，甚至面临法律风险，造成巨大的隐性融资成本。

经营性债务减去经营性债权为净经营性负债，是企业通过经营性活动取得短期融资的净额，净经营性负债为正数的说明企业经营中利用商业伙伴的资金发展了自己，反之则是企业"牺牲"自己的部分资金"支援"了商业伙伴的发展，这就不难理解为什么交易中处于优势地位的大企业并不会"财大气粗"地提前付款或者提前供货，反而常常锱铢必较地要求供应商给自己较长账期，或者要求客户提前支付定金，而本身资金流就吃紧的弱势企业却不得不受"夹板气"接受资金被客户或供应商无偿占用的结果。在企业将购销账期政策调整到比较合理的状态后保持相对稳定的情况下，净经营性负债会伴随着业务规模增长而相应增加，发挥短期融资的功能，减少企业的营运资金需求。

三、经营性融资的局限

尽管经营性负债是一种非常有吸引力的短期融资手段，但受到客观条件限制较多，规模无法随意放大，主要有以下限制因素：

（1）行业惯例。行业惯例是由行业特点形成的，同行业大多数企业在商业实践活动中普遍遵循的共识。要求客户预付货款或定金，或者要求供应商提供账期，如果属于行业惯例，则企业谈判比较容易成功，反之则比较难。一般为满足客户特定需求提供的定制化商品或服务会收取一定比例的预付款或定金，甚至全额预付，例如会计师、律师、设计师等专业服务类行业。

（2）产业链中的地位。很多领域在产业链上下游交易中，普遍存在某些环节的经营者比较强势而某些环节相对弱势的情况，比较典型的是"微笑曲线"定律，即处于产业链最上游控制品牌、从事研发的企业和产业链最下游控制销售渠道的企业比较强势，经济附加值也高，而处于中游的制造环节则比较弱势，附加值也较低。例如，零部件制造商向品牌制造商供货，尽管某些产品也是适应特定品牌产品需要，具有"定制"属性，但不仅无法向品牌制造商预收部分货款，反而还要给予较长的账期，这就是零部件制造商在产业链中地位较低、对品牌制造商存在较大依赖性所致。

（3）行业地位。同属一个行业产业链相同环节的企业或产品，也会因自身品牌、实力不同而有所差异，例如"一手交钱一手交货"的现货交易是一般消费品市场的惯例，但在手机等消费电子产品领域，一些企业为了促销而允许消费者无息分期付款，而另一些市场热销的新上市高端产品却需要提前预付全款订购。

（4）经营规模。经营性债权债务会伴随着企业的采购和销售活动而不断产生和结算，因此会随着企业经营规模的扩大而增加。

四、实务要领

要合理运用净经营性负债进行短期融资，企业的基本思路是在不损害自身行业地位和市场形象的前提下，在无融资成本的情况下尽量"早收晚付"，在有资金成本情况下优先选择成本较低的融资方案。

✎ 案例　通过调整赊销政策实现短期融资目标

某公司年销售额 6000 万元，目前平均应收账款余额为 3000 万元，无预收账款，全部为赊销，账期 6 个月，净经营性负债 3000 万元，大量资金被客户无偿占用，短期资金压力较大，随着企业经营规模扩张，未来将面临更严重的资金短缺。企业管理层进行市场分析和客户调研后，认为企业对下游客户已经具备较强影响力，大、中、小 3 类客户都可以接受取消账期甚至预付货款，其中对小客户采取现货交易不需要给折扣，其他则需要给予一定比例折扣优惠，具体见表 3-4。

163

表3-4　大、中、小客户交易情况

单位：万元

客户类别	销售额	现付			提前6个月预付		
		价格	年融资成本	净经营性负债增加额	价格	年融资成本	净经营性负债增加额
大客户	2000	9.3折	15.1	930	8.6折	16.3	1720
中等客户	2000	9.5折	10.5	950	9折	11.1	1800
小客户	2000	原价	0	1000	9.5折	5.3	1900

企业根据发展规划，在目前经营规模下拟将净经营性融资额从负3000万元调整到1000万元，假设企业无其他经营性债权债务，如通过外部短期借款融资弥补经营性融资额少于1000万元的缺口，企业年资金成本为12%。

为达到规划目标，企业需减少经营性资产，增加经营性负债，其中调整大客户赊销政策代价较大，资金成本均超过12%，高于短期借款，因此不调整大客户赊销政策。

中、小客户各方案融资成本均低于短期借款，均将销售政策调整为提前6个月预付。

调整后方案：

应付账款=2000万元×6÷12=1000万元

预收账款=（1900+1800）万元×6÷12=1850万元

净经营性负债=1850万元-1000万元=850万元

再通过增加短期借款150万元弥补缺口即可达到预期目标。

第七节
票据背书融资

> **资金来源**：供应商
>
> **融资性质**：债务融资
>
> **融资方式**：直接融资
>
> **融资期限**：短期
>
> **适用企业**：各类企业
>
> **优　　势**：融资成本低、手续简便
>
> **劣　　势**：融资规模有限
>
> **实务要点**：控制法律风险，手续符合规范

一、票据背书概述

上节讲到企业可以出具商业汇票代替现金向供应商支付货款，商业汇票包括商业承兑汇票和银行承兑汇票，前者以出票企业信用保证支付，后者则是出票企业向银行存入一定保证金后由银行信用保证付款，信用比前者更高。一般商业汇票期限最长为 6 个月，电子汇票期限可达 1 年。然而实践中一般只有实力较强的大企业出具的商业承兑汇票才能为市场所接受，多

数中小企业如果开具商业承兑汇票往往收款方不愿接受，如果开具银行承兑汇票则要缴存高比例甚至全额保证金，失去融资功能。对于多数企业来说，更多情况下不是对外出具商业汇票，而是从大客户那里收到大量的商业汇票，如果等着到期兑付，就会形成资金占压，要盘活资金的 3 种主要方式就是通过背书转让把票据当钱"花掉"、向银行贴现把票据"换成钱"、通过质押用票据"借到钱"。

票据背书转让，是指持票人通过在票据上背书和签章的方式转让票据权利的行为，背书人将票据权利转让给被背书人代替现金支付属于直接融资性质。背书以票据代替现金进行支付，不需要像贴现或质押借款那样额外支付"贴息"或"利息"，融资成本较低，也不需要办理登记，手续比较简单。但总规模以企业经营中实际收到的票据为上限，不可能随意扩大。

二、票据背书的法律规定

在实际操作中，票据法和支付结算办法均对票据背书转让的条件和形式有非常严格的规定，企业必须了解相关规定才能做到转让行为的合法有效。转让票据有以下几项前提条件：

（1）票据背书转让必须以存在真实交易为前提，票据法规定"票据的签发、取得和转让，应当遵循诚实信用的原则，具有真实的交易关系和债权债务关系"，支付结算办法也规定"票据的签发、取得和转让，必须具有真实的交易关系和债权债务关系"，可见一些企业以背书方式低价买入票据再背书转让给供应商或者以背书转让方式将票据折价变现的做法都是违法行为。

（2）要遵循有偿原则，受让方必须给付对价，《支付结算办法》第22条规定"票据的取得，必须给付对价。但因税收、继承、赠予可以依法无偿取得票据的，不受给付对价的限制"，无偿取得票据的持票人不享有优先于其前手的权利。

（3）票据本身必须具备可转让性，"出票人在汇票上记载'不得转让'字样的，汇票不得转让"，转让票据行为无效；"汇票被拒绝承兑、被拒绝付款或者超过付款提示期限的，不得背书转让；背书转让的，背书人应当承担汇票责任"；背书人在汇票上记载"不得转让"字样的，票据仍可背书转让，但"其后手再背书转让的，原背书人对后手的被背书人不承担保证责任"。

票据背书转让在形式上主要有以下要求：

（1）转让基本形式为"背书并交付汇票"，其中"背书是指在票据背面或者粘单上记载有关事项并签章的票据行为"，作为转让的背书，要注明受让方（被背书人）名称，由转让方（背书人）签章并注明日期，但根据《最高人民法院关于审理票据纠纷案件若干问题的规定》，"背书人未记载被背书人名称即将票据交付他人的，持票人在票据被背书人栏内记载自己的名称与背书人记载具有同等法律效力"。

（2）以背书转让的汇票，背书应当连续。背书不连续的，票据债务人可以拒绝付款。

（3）背书不得附有条件。"背书时附有条件的，所附条件不具有汇票上的效力"。

（4）背书必须针对票据总金额且同一票据只能背书给一个被背书人，"将汇票金额的一部分转让的背书或者将汇票金额分别转让给二人以上的背书无效"。

必须要清楚，通过背书把票据转让给供应商并不意味着企业就与票据没关系了，如果出现拒绝承兑、拒绝付款等情形，被背书人及其后手仍可以向背书人行使追索权。可见，如果出具票据的客户到期不兑现票据，即使企业已经转让票据，仍然免不了承担连带责任，票据背书虽可以发挥融通资金的作用，但并不能完全转嫁风险。

案例　票据背书实例分析

B公司向A公司销售货物，取得A公司作为出票人和付款人开具的商业承兑汇票一张，金额500万元，付款期限6个月。B公司因资金紧张找到C公司协商，由C公司向B公司支付450万元，B公司将票据背书转让给C公司。C公司采购D公司货物时，又将汇票背书转让给D公司冲抵500万元货款，并注明"验货通过后有效"。票据到期后，A公司拒绝付款。C公司认为D公司货物不符合要求，主张背书转让无效。

分析：

1. B公司取得票据具有真实交易背景，行为合法有效；B公司向C公司背书转让票据没有真实交易背景，因违反票据法而无效，双方对无效均有过错；C公司向D公司背书转让票据具有真实交易背景，因合法有效。

2. 票据被拒付的，持票人可以向出票人或前手行使追索权，因此D公司可以向A公司、B公司或C公司行使追索权，B公司不得以背书转让没有真实交易背景无效为由抗辩。

3. 票据背书所附条件不具有汇票上的效力，因此C公司受到追索时不得以D公司货物不符合要求为由主张背书转让无效，其与D公司因货物质量产生的纠纷只能另行通过买卖合同争议诉讼或仲裁解决。

第八节
让与担保和融资性贸易

资金来源：外部企业或个人

融资性质：债务融资

融资方式：直接融资、间接融资

融资期限：短、中、长期

适用企业：各类企业

优　　势：方式灵活、手续简便

劣　　势：法律风险较大

实务要点：我国目前法律体系下缺乏现实价值

一、让与担保概述

让与担保，即债务人通过将标的物的所有权转让给债权人来保证债务的履行，债务履行完毕后再收回标的物所有权，如债务人不能正常履行债务，则债权人可以从担保物价值中优先获得清偿，是债务人向债权人直接融资的一种方式。让与担保未在物权法和担保法中明文规定，是一种非典型担保，与物权法和担保法规定的抵押、质押等典型担保的区别是：（1）权利性质不同。让与担保是通过转移所有权的方式保障债权实现，典型担保则是创设担保物权（限制物权）的方式保障债权实现。（2）公示方式不同。抵押权通过登记公示，质押权通过交付公示，让与担保则根据标的物所有权转让的方式公示，如房屋买卖需要办理登记，一般动产买卖通常需要交付，某些情况下当事人为便利甚至不履行任何公示程序，仅签署买卖合同。（3）权利内容不同。典型担保物权的权利内容均由法律规定，是一种"标准化"的权利，让与担保的权利内容则由双方在不违法的前提下自行约定，可以公示也可以不公示，不能清偿时可以变价优先受偿，也可以直接以物抵债，内容非常灵活。

二、让与担保的现实可行性

让与担保的目的与典型担保一样，都是为了保障债务履行，基本功能也是以债务人特定财产保障债权人优先受偿，大部分情况通过抵押、质押等典型担保方式即可实现债权保障，而当事人偏偏要规避典型担保而采取让与担保，主要出于以下几种原因，下面来分别进行剖析：

（1）规避公示。根据民法典，不动产"抵押权自登记时设立"，动产"抵押权自抵押合同生效时设立；未经登记，不得对抗善意第三人"。当事人如果打算以债务人的房屋作为担保，但又不想办理抵押登记，就可能采用签署一个附条件的房屋买卖合同的方式来替代房屋抵押。必须要强调说明的是未办理登记的房屋买卖合同虽然成立并生效，但也不具有对抗善意第三人的效力，在签署合同后债务人仍有可能将房屋卖给第三人并办理过户登记，届时债权人无权向第三人主张权利，不能很好地发挥保护债权的作用；如果办理房屋过户登记，则手续比质押更加复杂，还会承担高昂的税收成本，并且如果在回购前债权人擅自转卖了房屋，债务人则面临无权要求买方返还房屋的尴尬。对于动产，让与担保虽然可以只签署买卖合同而不履行实物交付，但同样面临债务人擅自处分标的物使债权人丧失偿债担保的风险；履行了交付，则与质押的形式和效果基本相同，并没有特殊优势。

（2）变更权利内容。担保物权内容受到法律严格限定，很难有"发挥"空间，因此一些当事人为创设特定权利而采取让与担保的方式。例如根据民法典，抵押和质押合同担保权人只能从担保物价值中优先获得清偿，而不得约定在债务履行期届满未受清偿时，担保物的所有权转移为债权人所有。一些债权人为了规避该规定限制，就转而与债务人签署买卖合同取得标的物所有权，并约定债务人可以按照债务本息"回购"标的物，债务人到期不能偿债的则丧失回购权，债权人即真正取得了标的物所有权。然而，根据《最高人民法院关于审理民间借贷案件适用法律若干问题的规定》，"当事人以签订买卖合同作为民间借贷合同的担保，……人民法院应当按照民间借贷法律关系审理……借款人不履行生效判决确定的金钱债务，出借人可以申请拍卖买卖合同标的物，以偿还债务。就拍卖所得的价款与应偿还借款本息之间的差额，借款人或者出借人有权主张返还或补偿"。也就是在司法实践中并不认可该买卖合同独立的法律效力，仍然将其视为债权担保物，并且同抵押、质押一样不得直接转为债权人所有。

（3）认知因素。很多当事人采用让与担保的形式保障债权实现，是基于对担保物权制度的不了解，或者是认为所有权比抵押权、质押权等担保物权更加"可靠"。实际上担保物权是法律体系中专门用于保障债权人权益行之有效的一项物权制度，逻辑严谨，从动产、不动产到特定权利，几乎覆盖了所有可用于担保的标的物，而法律对于担保物范围、权利内容、成立和对抗第三人的方式等规定均体现了背后相应的法律价值，如前述对规避公示和设定权利内容的分析，当事人很难通过让与担保绕过法律限制而达到预期目的。

综上，在现行法律体系内，让与担保很难比典型担保物权更好地实现债权人或债务人的诉求，因而缺乏现实价值。但不排除在特定情况下，让与担保仍存在一定的应用价值。例如债权人已经占有、使用债务人的不动产，由于特定原因（如产权证明正在办理中）不能办理抵押登记，即可采取让与担保方式，虽然不能对抗善意第三人，但由于债权人对标的物进行实际控制和日常管理，且第三人同样无法和债务人办理房屋过户登记，债务人很难在债权人不知情的情况下，将标的物转让给不知道或不应当知道该房屋存在权利瑕疵的善意第三人，并完成过户登记。

三、融资性贸易

"融资性贸易"在我国使用较为混乱，缺乏统一的概念，有时从广义上将其与"供应链金融"基本等同，有时用来特指以经销商的名义提供实质性融资服务的情况，有时甚至专指缺乏真实交易背景以"贸易"名义进行融资的违法行为。其中，通过"经销商"实现融资目的的贸易活动属于让与担保的一种特殊形式，也是本节所要讨论的"融资性贸易"，其多数情况是当企业缺乏资信，无法从银行获得资金时，通过与第三方联合，借用第三方的良好银行信用，凭借与目标客户签订贸易合同，取得银行融资，获得融资后再与第三方分成，属于间接从银行融资的一种方式，因此属于间接融资。基本交易模式如图 3-2 所示。

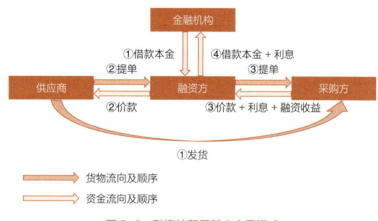

图 3-2　融资性贸易基本交易模式

实务中这种交易模式一般常见于大宗商品交易和国际贸

易，提供增信的融资方经常是大型国有企业，供应商一般直接向采购方发货，而提单等取货凭证则通过融资方周转。该交易产生的基本商业逻辑是，凭供应商和采购方的资信难以取得金融机构融资，因此将资信状况较好的融资方拉入供应链中充当经销商角色，融资方不从事经销商实质性销售业务，其功能是向银行等金融机构融资，并为真正的采购方垫付货款（国际贸易中多为信用证结算）取得提单，再到采购方验货并按约定支付全部或部分款项后将提单转交采购方。在这种交易模式下融资方取得的提单就是对其垫资款的一种担保形式，但仍面临货物风险、采购方违约风险等许多风险，导致近年国企参与融资性贸易遭受诈骗或违约受到损失的案例较多，参与其中的金融机构也受到了不同程度影响。2018年商务部等8部门《关于开展供应链创新与应用试点的通知》明确提出"加强供应链金融监管，打击融资性贸易"，同年国资委发布的《中央企业违规经营投资责任追究实施办法（试行）》，也明令禁止央企"违反规定开展融资性贸易业务"，后续此类业务很难开展。

第四章

CHAPTER 4

上市融资

第一节
上市融资概述

企业上市融资，就是通过公开发行股票并在依法设立的证券交易场所进行股票交易取得融资的行为。企业在上市前一般会通过首次公开发行股票进行融资，上市后还可以通过公开或非公开增发股票、发行可转债、优先股等多种形式进行后续融资（俗称"再融资"）。除股权融资外，上市对于企业申请银行贷款、发行债券等债务融资也有巨大的帮助，可以毫不夸张地说，上市能够对提升企业的融资能力带来质的飞跃。

企业上市的过程，就是从封闭型公司转变为开放型公司，从非公众公司转变为公众公司的过程，随着企业性质的变化，不仅股东数量将会大量增加，而且众多的公众投资者将可以通过公开的证券交易市场买卖股票成为企业股东，企业的事情就不再是几个创始人股东自己的事，而是关系到广大公众投资者乃至全社会的利益，因此必须建立起与公众公司相匹配的现代企业治理结构和制度，合规经营，规范财务，保护中小股权合法权益，按照真实、准确、完整、及时的原则对影响投资者决策或公司股票价格的信息进行公开披露，并承担与上市公司地位相适应的社会责任。

根据股票进行转让的证券交易市场所属区域的不同，可分为境内上市和境外上市。境内上市就是通常所说的"A股上市"，即在我国的上海、深圳和北京证券交易所发行上市。境外上市则是在美国、英国、日本、新加坡等外国的证券交易所或者中国香港的联合证券交易所上市。

根据构建多层次资本市场结构的目标，中国除了上海、深圳、北京证券交易所之外，还有作为全国性证券交易场所的全国中小企业股份转让系统（俗称"新三板"）和各省级行政区域内设立的区域股权交易市场。目前在新三板挂牌的企业被定性为"非上市公众公司"，属于介于上市公司与非上市公司之间的一种过渡形态，企业股东人数可以超过200人，但不允许公开发行股份，相关具体情况将在本章详述。区域股权交易市场挂牌的企业属于"非公众公司"，在前文已有介绍，本章不再赘述。

第二节
A 股上市

资金来源：A 股投资机构和自然人

融资性质：股权融资

融资方式：直接融资

融资期限：长期

适用企业：股权清晰、经营和财务规范、财务状况和经营业绩良好、具备持续赢利能力的股份有限公司

优　　势：融资方式多样、企业估值高、股份流通性强等

劣　　势：税收成本高、企业规范成本高、IPO 申请期间风险大等

实务要点：接受专业指导、提前布局、决心和毅力

一、A 股发行上市概述

IPO 意为首次公开发行股票并上市，是指股份有限公司首次以公开方式向社会公众投资者募集股份，并在依法设立的证

券交易场所上市交易的行为。我国 A 股发行上市的监管机构为中国证监会，为上市公司股票提供转让服务的是 3 家证券交易所，即上海证券交易所（简称上交所）、深圳证券交易所（简称深交所）以及北京证券交易所（简称北交所）。截至 2023 年年末，全部 A 股上市公司逾 5300 家，分为主板（上交所）、主板（深交所）、创业板（深交所）、科创板（上交所）和北交所五大板块，各大板块已于 2023 年 2 月全面进行注册制改革。

公司发行上市的基本法律依据为公司法和证券法，作为证券监管部门的中国证监会和北京、上海、深圳证券交易所，还制定了关于发行、上市、再融资、公司治理、信息披露、收购、重大重组等涵盖上市公司各个方面的具体规章、业务规则、标准和特定事项问答，其中关于关于 IPO 最核心的文件是证监会制定的《首次公开发行股票注册管理办法》《创业板首次公开发行股票注册管理办法（试行）》《科创板首次公开发行股票注册管理办法（试行）》和《北京证券交易所向不特定合格投资者公开发行股票注册管理办法》等。

二、A 股上市对企业的意义

发行人首次公开发行股份，向社会公众公开发行的股份为公司股份总数的 25% 以上；公司股本总额超过 4 亿元的，公开发行股份的比例为 10% 以上。出于审慎原则，目前发行市盈率一般取行业平均滚动市盈率和 23 倍市盈率孰低确定。通过 IPO 发行上市，企业算是第一次彻底开启了通往资本市场的大门，不仅可以完成第一笔向社会公众投资者的股权融资，而且还开辟了非常丰富的融资渠道：在股权或类股权融资方面，有公开增发、配股、非公开发行、可转债和优先股等多种选择，上市公司股权融资发行难度较小，以二级市场股票价格为基础，非公开发行股票或配股可以有一定折价；在债务融资方面，申请银行贷款或发行企业债、公司债、短期融资券、中期票据、资产支持证券等债务融资工具也更加便利，并且利率相对较低；对于上市公司股东，还可以通过股票质押或发行可交换债券等方式进行融资。

除融资功能以外，上市的另一个巨大优势是使公司股票具备了高度的流通性，从而大大提升了公司的市场估值，上市后原股东所持有的股票一般都能直接增值 3 倍以上，合理运用上市融资发展业务还可以进一步提升股东价值，同时证券交易所以众多的证券投资者、大量的优质上市公司、公开公平的交易规则、便捷高效的交易机制和巨大的日成交额为上市公司股票提供了活跃的转让平台，股东可以采取集中竞价、大宗交易或协议转让等多种方式进行股票转让，上市公司还可以利用估值优势通过发行股份购买资产进行横向并购扩大规模或进行纵向并购整合上下游产业链。同时，上市还可以提升公司品牌知名度，通过公开信息披露提升公司的信誉，促进公司治理结构优化，实现股权激励等，让企业受益良多。

上市就意味着要规范化，不能偷税漏税或过度避税，还要依法为职工办理社会保险，要按照上市公司治理准则设立董事会秘书、独立董事等职务和审计部等内控部门，相对于不规范的中小企业而言会增加一些成本；上市后股票具有高度流通性，如果过度融资导致控股股东股份比例过低，存在被其他企业或个人恶意收购的风险；上市公司必须满足基本的信息披露要求，企业的股东背景、业务模式、主要客户和供应商、财务报表等都不再是公司商业秘密而成为公开信息，一些公司经营者不愿接受；上市带来的巨大利益让一些企业经营者迷失了方向，不关心主业而醉心于"资本运作"，甚至以身试法大搞内幕交易、操纵股价、财务造假，葬送了企业的前途；上市申请期间，公司尚未享受到"上市红利"却要承担规范成本，任何负面新闻都可能被放大成为媒体和社会关注的焦点。

总体而言，上市给企业带来的收益远远超过其成本和风险，人们之所以对一些优秀企业不上市兴趣十足，恰恰是因为大多数优秀企业都选择了上市。我国是世界规模最大、发展最快的经济体之一，是全球经济增长最主要的贡献力量，还是最大的世界工厂和市场之一，上海、深圳、北京证券交易所，目前上市公司全部是境内企业，在企业整体质量、估值、交易活跃度等方面均名列前茅，只要具备条件，在这 3 家交易所 A 股上市显然是多数境内企业的首选。

三、A 股 IPO 发行条件

A 股发行上市的条件自然也是很多企业家非常关心的话题。中国对企业 IPO 的审核标准，主板、创业板、科创板和北交所分别执行各自的发行条件，即存在 4 套发行审核标准，相关审核标准是一个庞大的完整体系，涉及内容非常复杂，审核依据也分散在众多相关法律文件、监管问答和内部指导标准中。各套标准都涉及法律、财务和业务三大领域，具体审查内容包括公司基本情况和历史沿革、独立性、业务和技术情况、关联交易和同业竞争、董事监事和高级管理人员、公司治理、财务与会计、业务发展目标、募集资金用途等各个方面。社会上很多非专业人士经常误把 IPO 审核标准直接当成财务标准，甚至直接简化为对企业收入或利润的具体指标，这是对发行条件的严重误解，固然企业上市需要以一定的财务指标作为前提，具备一定的规模和赢利能力是企业发行上市的必要条件，但并非充分条件。4 套发行审核标准最主要的差异是财务指标要求不同，其他方面要求总体相似，但很多具体标准在细节上仍存在诸多差异。为方便读者能建立基本的概念，又避免过分复杂细致的介绍造成篇幅过于庞大，在此对各领域的基本要求做个简单概括性的总结。

（一）基本情况和历史沿革

（1）发行人为我国境内依法成立的股份有限公司，且自股份有限公司成立后持续经营时间在 3 年以上。有限责任公司按原账面净资产值折股整体变更为股份有限公司的，持续经营时间可以从有限责任公司成立之日起计算。本条的例外情况是国务院特批企业无须持续经营 3 年以上，科创板允许红筹架构企业发行上市。

（2）发行人的股权清晰稳定，不存在"委托持股"或"股份代持"，不存在"职工持股会"或"工会"股东，控股股东和受控股股东、实际控制人支配的股东持有的发行人股份不存在重大权属纠纷或较大比例被质押、冻结的情形，经"穿透核查"后最终股东数量不超过 200 人。本条的例外情况是曾依法募集设立的股份公司和新三板企业股东允许超过 200 人，符合规定的资管产品和职工持股计划在计算股东人数时不需要"穿透"。主板最近 3 年内实际控制人没有发生变更，创业板、科创板和北交所最近 2 年内实际控制人没有发生变更。

（3）发行人的注册资本已足额缴纳，历次出资用作出资的资产的财产权转移手续已办理完毕，非货币出资未依法评估、出资不实等问题已经妥善解决，且不构成严重虚假出资、抽逃出资行为，主要资产不存在重大权属瑕疵或纠纷。

（4）公司系国有企业或集体企业改制的，应符合国有资产管理法及相关规定的条件和程序，程序存在瑕疵的，应当取得省级政府或国资管理部门的批复。

（5）公司为外商投资企业的，设立和变更符合外商投资企业法相关规定，并取得商务部门相关批复。

（6）公司系原境外上市公司私有化退市的，上市期间及退市过程应当符合原上市地相关法律制度。

（7）公司系新三板挂牌企业摘牌或停牌（A 股 IPO 审核通过后摘牌）的，挂牌期间及摘牌过程应当符合新三板相关制度规定。

（二）独立性

（1）业务独立。具有完整的业务流程、独立的生产经营场所以及独立的采购、销售系统，不存在影响发行人独立性的重大或频繁的关联交易。

（2）资产独立。具备完整、合法的财产权属，资产不存在重大法律纠纷或潜在纠纷，不存在资产被控股股东或实际控制人及其关联方控制和占用的情况。

（3）人员独立。高管人员不得在控股股东、实际控制人及其控制的其他企业中担任除董事、监事以外的其他职务或领取薪酬，财务人员不得在控股股东、实际控制人及其控制的其他企业中兼职，发行人的员工的劳动、人事、工资报酬以及相应的社会保障关系应独立管理。

（4）财务独立。设立独立的财务会计部门、建立独立的会计核算体系，具有规范的财务会计制度和对分公司、子公司的财务管理制度，独立进行财务决策、独立在银行开户、独立纳税等。

（5）机构独立。发行人的机构与控股股东或实际控制人完全分开且独立运作，完全拥有机构设置自主权等，不存在混合经营、合署办公的情形。

（三）业务和技术情况

（1）发行人的生产经营符合法律、行政法规和企业章程的规定，符合国家产业政策。企业应在登记的经营范围内从事生产经营活动，从事特许经营行业的企业应依法取得行业主管部门颁发的经营许可证。

（2）主板发行人最近3年内主营业务没有发生重大变化，

创业板和科创板发行人应主要经营一种业务，且最近 2 年内主营业务没有发生重大变化，北交所要求发行人主营业务明确，且最近 2 年内未发生重大变化。

（3）某些特定产业，如房地产、类金融、网络游戏等产业，目前不鼓励通过 IPO 在 A 股上市，创业板和科创板发行人行业应当符合该板块定位。目前创业板对行业要求三创四新，科创板限于新一代信息技术、高端装备、新材料、新能源、节能环保以及生物医药等高新技术产业和战略性新兴产业中科技先进并具备自主研发能力的企业。北交所要求企业具备创新特征，明确禁止金融业、房地产业、学前教育、学科类培训企业上市。

（4）除企业整体规模实力和赢利能力均较强的金融等行业外，发行人应在所属行业内具有较突出的市场地位和核心竞争力。

（5）发行人研发、采购、生产、销售等业务模式符合法律法规和行业特点，业务模式与同行业企业存在巨大差异或报告期内（IPO 申报前 3 年及一期）业务模式发生重大变化的，应当能够说明其具有合理原因并提供充分证明。

（6）发行人不得有下列影响持续赢利能力的情形：发行人的经营模式、产品或服务的品种结构已经或者将发生重大变化，并对发行人的持续赢利能力构成重大不利影响。发行人的行业地位或发行人所处行业的经营环境已经或者将发生重大变化，并对发行人的持续赢利能力构成重大不利影响。发行人最近 1 个会计年度的营业收入或净利润对关联方或者存在重大不确定性的客户存在重大依赖。发行人最近 1 个会计年度的净利润主要来自合并财务报表范围以外的投资收益。发行人在用的商标、专利、专有技术以及特许经营权等重要资产或技术的取得或者使用存在重大不利变化的风险。还有其他可能对发行人持续赢利能力构成重大不利影响的情形。

（四）关联交易和同业竞争

（1）发行人与控股股东、实际控制人及其控制的关联企业之间不存在同业竞争。同业竞争，指企业之间由于经营相同或相近似的行业导致互相存在竞争关系。

（2）发行人与关联方之间的关联交易价格公允，不存在通过关联交易操纵利润的情形。

（3）关联交易的发生应当具有必要性，并依法履行相应的决策程序，关联董事及股东应当回避表决。

（4）关联交易所占的比例不影响发行人业务的独立性，且在报告期内应当规范和减少关联交易的比例。

（五）董事监事和高级管理人员

（1）主板发行人最近 3 年内董事、高级管理人员没有发生重大变化，创业板、科创板和北交所最近 2 年内董事、高级管理人员没有发生重大变化。

（2）发行人的董事、监事和高级管理人员符合法律、行政法规和规章规定的任职资格，且不得有下列情形：被中国证监会采取证券市场禁入措施尚在禁入期的。最近 36 个月内受到中国证监会行政处罚，或者最近 12 个月内受到证券交易所公开谴责。因涉嫌犯罪被司法机关立案侦查或者涉嫌违法违规被中国证监会立案调查，尚未有明确结论意见。

（六）公司治理

（1）发行人已经依法建立健全股东大会、董事会、监事会、独立董事、董事会秘书制度，相关机构和人员能够依法履行职责。

（2）发行人的公司章程中已明确对外担保的审批权限和审议程序，不存在为控股股东、实际控制人及其控制的其他企业进行违规担保的情形。

（3）发行人有严格的资金管理制度，不得有资金被控股股东、实际控制人及其控制的其他企业以借款、代偿债务、代垫款项或者其他方式占用的情形。

（4）发行人依法为员工办理社会保险和住房公积金。

（5）发行人及控股股东、实际控制人最近 36 个月不存在重大违法行为。不存在涉嫌犯罪正被司法机关立案侦查或涉嫌违法违规正被中国证监会立案调查，尚未有明确结论意见。严重损害投资者合法权益和社会公共利益的其他情形。

（七）财务与会计

（1）发行人的内部控制制度健全且被有效执行，能够合理保证财务报告的可靠性、生产经营的合法性、营运的效率与效果，由注册会计师出具了无保留结论的内部控制鉴证报告。

（2）发行人资产质量良好，资产负债结构合理，赢利能力较强，现金流量正常，各项财务指标符合行业特点。对于异常的财务数据和指标，能够说明其具有合理原因并提供充分证明。

（3）发行人会计基础工作规范，财务报表的编制符合企业会计准则和相关会计制度的规定，在所有重大方面公允地反映了发行人的财务状况、经营成果和现金流量，并由注册会计师出具了无保留意见的审计报告。

（4）发行人依法纳税，各项税收优惠符合相关法律法规的规定。发行人的经营成果对不具有可持续性的税收优惠和其他非经常性损益不存在严重依赖。

（5）发行人不存在重大偿债风险，不存在影响持续经营的担保、诉讼以及仲裁等重大或有事项。

（八）业务发展目标

（1）发行人已经建立清晰、明确、具体的发展战略，包括战略目标、实现战略目标的依据、步骤、方式、手段及各方面的行动计划。

（2）与竞争对手相比较，发行人的发展战略具备合理性和可行性。

（九）募集资金用途

（1）募集资金应当有明确的用途，原则上用于发行人主营业务，不应当用于财务性投资或者跨行业经营。除银行、证券等金融企业外不得主要用于补充流动资金或偿还银行贷款等。

（2）募集资金投资项目应当符合国家产业政策，有利于保持和提升发行人的持续赢利能力，投资回收期和资金投入产出关系合理，投资项目用地、立项备案或批复、环境影响评价批复已经落实。

（3）募集资金投资项目不会导致发行人产生同业竞争或增加关联交易。

（十）各板块对财务指标的要求

关于财务指标，主板除了发行后股本总额不低于 5000 万元要求外，目前有 3 套财务标准，满足其一即符合财务要求：

（1）最近 3 个会计年度净利润均为正数且累计超过 2 亿元，最近一年净利润不低于 1 亿元，最近 3 年经营活动产生的现金流量净额累计不低于 2 亿元或营业收入累计不低于 15 亿元。

（2）预计市值不低于 50 亿元，且最近 1 年净利润为正，最近一年营业收入不低于 6 亿元，最近 3 年经营活动现金流量净额累计不低于 2.5 亿元。

（3）预计市值不低于 100 亿元，且最近 1 年净利润为正，最近 1 年营业收入累计不低于 10 亿元。

以上标准为主板上市的最低要求，实践中发行审核秉承"好中取优"的原则，保荐机构也会主动对发行人赢利能力提出更高要求。

关于财务指标，创业板除了要求发行后股本总额 3000 万元以上外，根据企业的预计市值制定了 3 套具体标准，满足其一即符合财务要求：

（1）最近 2 年连续赢利，最近 2 年净利润累计不少于 1 亿元，且最近一年净利润不低于 6000 万元。

（2）最近 1 年赢利，市值不低于 15 亿元，最近 1 年营业收入不少于 4 亿元，净利润以扣除非经常性损益前后孰低者为计算依据。

（3）市值不低于 50 亿元，最近 1 年营业收入不少于 3 亿元。

以上标准为创业板上市最低要求，实践中发行审核秉承"好中取优"的原则，保荐机构也会主动对发行人赢利能力提出更高要求。

关于财务指标，科创板除了要求发行后股本总额不低于 3000 万元之外，根据企业的预计市值制定了 5 套具体标准，至少应符合其中一项：

（1）预计市值不低于 10 亿元，最近 2 年净利润均为正且累计净利润不低于 5000 万元，或者预计市值不低于 10 亿元，最近 1 年净利润为正且营业收入不低于 1 亿元。

（2）预计市值不低于 15 亿元，最近 1 年营业收入不低于 2 亿元，且最近 3 年累计研发投入占最近 3 年累计营业收入的比例不低于 15%。

（3）预计市值不低于 20 亿元，最近 1 年营业收入不低于 3 亿元，且最近 3 年经营活动产生的现金流量净额累计不低于 1 亿元。

（4）预计市值不低于 30 亿元，且最近 1 年营业收入不低于 3 亿元。

（5）预计市值不低于 40 亿元，主要业务或产品需经国家有关部门批准，市场空间大，目前已取得阶段性成果。医药行业企业需至少有一项核心产品获准开展二期临床试验，其他符合科创板定位的企业需具备明显的技术优势并满足相应条件。

另外，营业收入快速增长，拥有自主研发、国际领先技术，同行业竞争中处于相对优势地位的，尚未在境外上市的红筹企业，或者具有表决权差异安排的企业，申请在科创板上市的，应当至少符合下列标准之一：

（1）预计市值不低于 100 亿元。

（2）预计市值不低于 50 亿元，且最近 1 年营业收入不低于 5 亿元。

关于财务指标，北交所除了要求发行后股本总额 3000 万元以上外，根据企业的预计市值制定了 4 套具体标准，至少应符合其中一项：

（1）预计市值不低于 2 亿元，最近 2 年净利润均不低于 1500 万元，加权平均净资产收益率平均不低于 8%；或者最近 1 年净利润不低于 2500 万元，加权平均净资产收益率不低于 8%。

（2）预计市值不低于 4 亿元，最近 2 年营业收入平均不低于 1 亿元，最近 1 年营业收入增长率不低于 30%，且最近 1 年经营活动产生的现金流量净额为正。

（3）预计市值不低于 8 亿元，最近一年营业收入不低于 2 亿元，且最近 2 年研发投入占最近 2 年营业收入比例不低于 8%。

（4）预计市值不低于 15 亿元，且最近 2 年研发投入合计不低于 5000 万元。

四、A 股 IPO 发行注册程序

以上仅是对 A 股 IPO 发行条件的概括总结，实际涉及每一条还有很多具体情况复杂的认定标准，最终还要将企业各方面的有利或不利条件放回整体层面进行综合判断。从审核程序上看，需要经历申报和交易所受理、预审员审核、上市审核委员会审核和证监会注册 5 个阶段。首先发行人提交申请材料并获得交易所受理后，由交易所预审员审核书面材料，提出反馈意见，发行人和中介机构对反馈问题进行书面回复。反馈关注问题均已充分解释说明并根据反馈情况修改补充了申请材料后，由交易所上市委对项目进行审核。通过初审会后，从上市委中选取 5 名委员召开审议会议，发行人及保荐机构代表应当出席审议会议并回答委员的问题。审议会议采取合议制、少数服从多数的原则，5 名委员形成统一意见，同意后即为通过。上市委审核通过后，发行人根据审议会议意见对申请材料进行修改补充，如未发生导致发行人不符合发行条件的重大会后事项，则证监会根据审议会议结果做出同意注册的决定。科创板、创业板、北交所采取注册制，审核重心在交易所，但基本流程相似，经历申请和交易所受理、交易所审核机构问询、交易所上市委员会审议、交易所提交证监会注册、证监会注册或不予注册 5 个阶段。

由此可见，发行审核标准是涉及对公司全方位考察和综合判断的一个体系，而不是几个简单明确的量化指标，能够通过初审会并提交给上市委的项目都是不可能存在明显违反发行条件的"硬伤"的，最终上市委的审核结果充分体现了审核人员自身综合各方面因素对项目做出的专业判断，同时遵循少数服从多数原则，委员们在相关法律法规和监管规则框架内，根据国家宏观经济政策、产业政策、区域政策和金融政策指导，运用专业知识对发行人做出综合评价，最终形成同意或不同意其发行上市的意见。

五、A股IPO上市审核的特征

除从事发行上市申请或审核工作经验丰富的专业人员外，全面掌握发行上市条件和程序既难以做到也没有必要，对于拟上市企业核心人员，关键是要理解发行上市审核以下本质特征：

（1）对发行人进行综合判断。发行人不能有任何明显不符合发行条件的情形是基本前提，否则将遭到"一票否决"，而多数情况下发行人虽没有违反发行条件的"硬伤"，但有各自的优势和瑕疵，有的企业赢利能力很强，但报告期内被行政处罚次数较多；有的企业运作规范，但经营规模偏小、行业地位不突出等。因此发行人能否通过发审会，往往并不是由某一个因素决定的，而是综合权衡其有利和不利条件形成的结论。

（2）审核人员根据自身知识和经验做出专业判断。发行审核结果主要取决于股票发行审核委员会审核，参与审核的委员一般是证券、法律、财务或特定行业领域专业人士，每个人的知识结构和经历经验不同，审核时的关注点也会有差异，不可避免带有一定主观色彩，对同一个发行人的审核结论就可能不一样。

（3）审核标准是发展变化的。由于审核标准是各种复杂因素共同影响的结果，因此国家政策、法律和会计制度的变化，特别是资本市场形势的变化，都会影响到审核理念和具体标准的不断调整，不同时期审核通过率差距也很大，某些年份能达到80%以上，某些年份甚至不到60%，因此不能将以前的成功或失败案例不加分析地生搬硬套。

（4）审核的3个核心要素。尽管发行条件看似包罗万象，其实归根结底都是对发行人"股权清晰、运作规范、持续赢利"3个核心要素的考察，因为"股权清晰"是将公司股份放到证券交易所进行公开交易的前提条件，"运作规范"是保护公众公司广大中小投资者权益的基本要求，"持续赢利"是促进资金和资源流向优质企业以推动资本市场健康发展的应有之义。

六、实务要领

根据对发行审核的分析，可以看到IPO发行审核是非常专业化的工作，"术业有专攻"，一定要在掌握与证券发行上市相关的金融、财务和法律知识并在企业上市申请和审核工作领域具备丰富经验的专业人员指导下实施，才能做到"少走弯路，不犯大错"，保障上市工作沿着正确的轨道有序推进，切不可以凭自己的理解贸然行事，更不能轻信并不具备相关专业知识和经验的所谓"高人"指点。一些企业原本基础条件不错，却为扩大规模盲目并购重组捆绑上市甚至找关联方"做业绩"，还有的企业不了解"股份支付"会计处理而乱搞股权激励，自以为有助于通过发行审核，结果适得其反，自食苦果。

目前中国上市公司再融资也在逐步过渡到注册制，审核周期比 IPO 短很多，总体通过率也非常高，很多年份总体通过率都超过 90%。目前再融资品种中，非公开发行股票门槛最低，也是企业采用最多的再融资方式，发行价一般为股票市场价格的 90%。可转债是发行次数仅次于非公开发行股票的第二大再融资方式，兼具股权融资和债务融资的双重属性，发行价不低于股票市场价格。近年配股、公开增发和优先股等再融资方式使用较少。

上市对于企业发展是里程碑式的大事，要完成上市则是个漫长而艰难的历程：目前 IPO 企业从申请受理到上审议会议，平均审核周期是一年半左右。申报前，企业首先要完成从有限责任公司到股份有限公司的整体变更（即"股改"），聘请保荐机构进行辅导，聘请证券公司作为保荐机构进行尽职调查、会计师进行 3 年及一期财务报告审计以及律师出具法律意见书，完成招股说明书等申报材料制作，正常情况下需要 8 个月至 1 年。除了遇到特殊情况以外，通过审核后工作节奏较快，从证监会同意注册、询价发行到上市交易，一般一两个月即可完成；从企业准备股改到成功上市，正常情况也要经历近 3 年时间。一方面是上市路程漫长，另一方面是某些问题只能靠时间来解决，例如发生了实际控制人或主营业务变更，只能再等待36个月后申报，因此企业如有上市规划应提前布局，避免犯下严重影响上市工作的错误。

上市过程的艰巨性，决定了企业经营者要想让企业成功上市必须具备决心和毅力，做出上市决策要慎重，一旦确定上市目标则应当以"开弓没有回头箭"的精神坚持下去。上市中很多规范都是需要成本的，除了中介机构费用外，还有公司补缴税款和社会保险、支付独立董事津贴等很多事项都需要花钱，经营者要有充分思想准备，充分评估上市成本和企业承受能力，避免草率启动上市工作后因为不堪重负前功尽弃。除了金钱以外，付出的时间和精力也是上市必须付出的巨大成本，上市过程中发行人要参与制作申请材料并接受保荐机构、律师和注册会计师等中介机构的全面核查，甚至可能遇到监管部门现场核查，发行人还要说服相关政府部门和主要的客户、供应商配合核查，工作压力巨大。审核中，任何不利于企业的风吹草动都可能被放大，都必须花人力、财力、精力去解决，让人精神压力巨大。在审核期间内发行人原则上不能进行股权融资，面临的资金压力也很大。因此，经营者只有具备充分的决心和毅力，才能够将企业的上市之路坚持到底。

案例　华致酒行首次被否后历时7年终于成功上市

华致酒行连锁管理股份有限公司是一家通过

199

第四章　上市融资

连锁酒行等形式专业从事酒类零售的企业，首次申请 A 股 IPO，于 2011 年 12 月 26 日未通过证监会发审委 2011 年第 290 次会议审核。主要关注点：

（1）报告期内企业关联交易逐步提升。企业实际控制人控制 14 家企业从事酒类生产及销售，报告期内企业从 14 家关联酒类生产企业采购产品的金额分别为 1249.27 万元、2790.69 万元、10 498.28 万元、8090.40 万元，占企业同期采购金额的比例分别为 2.27%、3.48%、9.87%、11.00%，金额与占比均呈上升趋势。

（2）报告期内企业董事、高级管理人员发生重大变化。企业共有董事 11 名，其中董事长吴向东过去 3 年未发生变化，彭宇清在报告期内一直担任公司副总经理，2010 年 9 月兼任董事，其余人均为 2010 年 9 月—11 月任职。10 名高管中，副总经理彭宇清、财务总监贺会锋任职时间超过 3 年，舒曼、黄飞一直在公司任职，2010 年 1 月任副总经理，其余高管均于 2010 年任职。申请材料及现场陈述中未对上述董事、高管变化情况及对企业经营决策的影响做出充分、合理的解释。

首次申报时企业赢利情况如表 4-1 所示。

表 4-1　首次申报时企业赢利情况

单位：万元

项目	2011年1月—6月	2010年	2009年	2008年
营业收入	98 463.88	133 724.24	84 905.75	61 160.19
净利润	26 334.82	33 368.18	22 595.43	21 093.61

首次 IPO 申请被否决后，华致酒行仍未放弃上市之路，转战创业板再次提出 IPO 申请，终于在 2018 年 11 月 13 日通过证监会发审委 2018 年第 172 次会议审核，于 2019 年 1 月 29 日成功完成 A 股创业板上市。

二次申报时，华致酒行在报告期内彻底解决了关联采购问题，最近 2 年内也未再发生董事、高级管理人员重大变化。

二次申报时公司营业收入相对于首次申报有所提升，但受到行业整体情况影响净利润却明显下降，具体情况如表 4-2 所示。

表 4-2　二次申报时企业赢利情况

单位：万元

项目	2018年1月—6月	2017年	2016年	2015年
营业收入	142 347.38	240 651.84	218 413.42	157 756.74
净利润	13 968.72	20 749.08	11 240.38	2 502.33

通过学习这一案例，我们可以得到以下结论：

（1）具有合理理由且不影响持续赢利能力的

前提下，企业净利润比首次上会时下降并不构成IPO 的实质性障碍。

（2）即使财务指标良好的企业，也可能因为关联交易占比增加、董事或高级管理人员发生重大变化等其他问题而不能通过审核。

（3）一些上市障碍性因素，需要通过规范整改来解决，其中有一些还必须通过一定时间来错开报告期才可以解决。

（4）不同板块，在上市审核标准上存在一定差异，企业选择上市板块时应当根据实际情况找到合适的定位。

（5）不同时期，在上市审核尺度上有可能存在一定差异，但由于审核周期较长，审核尺度的变化难以预测，因此企业很难主动选择到有利的申报时机。

（6）只要继续保持赢利能力，大部分上市障碍性因素都是可以解决的，IPO 申请被否的企业，如果能坚持不懈向上市的方向努力，按照正确的方法对存在的问题进行规范整改，通过时间消除障碍性因素，终将取得最后的胜利。

第三节
新三板挂牌

资金来源：新三板合格投资者

融资性质：股权融资

融资方式：直接融资

融资期限：长期

适用企业：股权清晰、经营和财务规范、具备持续经营能力的中小微股份有限公司

优　　势：发行条件低，审核效率较高，信息公示

劣　　势：交易不活跃，融资功能下降

实务要点：理性决策、守法合规、积极宣传

一、新三板概述

全国中小企业股份转让系统（俗称"新三板"）是经国务院批准，依据证券法设立的全国性证券交易场所，主要为创新型、创业型、成长型中小微企业发展服务。新三板的前身是代办股份转让系统，主要为原 STAQ、NET 系统挂牌公司和沪、深证券交易所的退市企业以及一些中关村科技园区非上市股份

有限公司提供转让平台，后来逐步发展为北京、上海、天津、武汉四地科技创新创业类企业的股权交易平台。

2012 年中国证监会制定了《非上市公众公司监督管理办法》，全国中小企业股份转让系统有限责任公司（简称为"股转公司"）相应制定了《全国中小企业股份转让系统业务规则（试行）》，2013 年国务院制定《关于全国中小企业股份转让系统有关问题的决定》，明确了新三板作为"全国性证券交易场所"的地位，以及"为创新型、创业型、成长型中小微企业发展服务"的功能定位，彻底打破了地域限制，随即证监会和股转公司对新三板原规则进行了修订，并制定了一系列具体业务规则，2014—2016 年新三板开始在全国范围内迅猛发展，挂牌企业数量持续快速增加，2016 年年末达到 10 163 家，新三板挂牌企业数量已经远远超过 A 股各板块上市公司数量的总和，2017 年股转公司制定了《全国中小企业股份转让系统股票挂牌条件适用基本标准指引》，对企业申请新三板挂牌条件提出了更多的要求，新三板未能实现预期的政策红利，以及同期 A 股二级市场低迷也导致新三板投资机构普遍出现亏损或难以退出，新三板挂牌企业融资难度明显提高，中小企业挂牌热情开始降温。至 2017 年 11 月达到 11 465 家后，挂牌公司数量开始出现缓慢减少的趋势，截至 2023 年年末为 6241 家。

二、新三板挂牌条件及审核

新三板挂牌条件同样涉及法律、财务和业务三大领域，具体内容也包括企业基本情况和历史沿革、独立性、业务和技术情况、关联交易和同业竞争、董事监事和高级管理人员、公司治理、财务与会计、业务发展目标、募集资金用途（适用于挂牌同时定向增发股份的情况）等各个方面，核心要素同样是"股权清晰、运作规范、持续发展"，但作为中小微企业转让平台，新三板对企业挂牌条件要求比 A 股发行上市宽松很多，最主要的是不设净利润硬性指标，申请新三板挂牌的公司应当符合以下主要条件：

（1）依法设立股份有限公司且存续满 2 年，注册资本不少于 500 万元且实缴到位，报告期末每股净资产不低于 1 元 / 股。有限责任公司按原账面净资产值折股整体变更为股份有限公司的，存续时间可以从有限责任公司成立之日起计算。

（2）财务方面满足下列标准之一：

①最近 2 年净利润均为正且累计不低于 800 万元，或者最近 1 年净利润不低于 600 万元。

②最近 2 年营业收入平均不低于 3000 万元且最近 1 年营业收入增长率不低于 20%，或者最近 2 年营业收入平均不低于 5000 万元且经营活动现金流量净额均为正。

③最近 1 年营业收入不低于 3000 万元，且最近 2 年研发投入合计占最近 2 年营业收入比例不低于 5%。

④最近 2 年研发投入累计不低于 1000 万元，且最近 24 个月或挂牌同时定向发行获得专业机构投资者股权投资金额不低于 2000 万元。

⑤挂牌时即采取做市交易方式，挂牌同时向不少于 4 家做

市商在内的对象定向发行股票，按挂牌同时定向发行价格计算的市值不低于 1 亿元。

（3）企业治理机制健全，合法规范经营。现任董事、监事、高级管理人员不存在最近 24 个月内受到中国证监会行政处罚，或者被中国证监会采取证券市场禁入措施且期限尚未届满，或者被全国中小企业股份转让系统有限责任公司认定不适合人选，或者因涉嫌犯罪正在被司法机关立案侦查或者涉嫌违法违规正在被中国证监会立案调查，或者被列为失信联合惩戒对象的情形。不存在公司资金、资产或其他资源被控股股东、实际控制人及其关联方占用尚未解决的情形。公司及其控股股东、实际控制人最近 24 个月不存在重大违法行为。公司设立独立财务部门，执行《企业会计准则》，财务工作规范。

（4）股权明晰，股票发行和转让行为合法合规。控股股东、实际控制人及其关联方所持股份不存在权属争议或潜在纠纷，国有股东或外商投资企业股东股权转让符合相关规定。

（5）主办券商推荐挂牌并持续督导，由具备证券期货业务资格的会计师事务所进行财务报告审计，聘请律师事务所出具法律意见书。

（6）股转公司要求的其他条件。

股东人数超过 200 人的企业申请其股票在新三板挂牌公开转让，由中国证监会审核；股东人数不超过 200 人的企业申请其股票在新三板挂牌公开转让，由中国证监会授权股转公司审核。实践中，股转公司主要通过对主办券商的考核和奖惩，督促主办券商完善对新三板挂牌项目的内部控制体系，做好对项目质量的判断和风险评估，谨慎决定是否推荐挂牌，因此在股转公司，审核环节周期较短，一般在 3 个月以内完成审核，审核速度远远超过 A 股 IPO 审核。

三、挂牌后持续监管和投资者适当性管理

挂牌后的公司股份即可以在新三板上公开转让，证监会和股转公司对新三板投资者采取适当性管理，下列机构或自然人投资者可以申请参与挂牌公司股票公开转让：

（1）实收资本 200 万元以上的法人机构可参与基础层股票交易，实收资本 100 万元以上的法人机构可参与创新层股票交易。

（2）实缴出资总额 200 万元以上的合伙企业可参与基础层股票交易，实缴出资总额 100 万元以上的合伙企业可参与创新层股票交易。

（3）集合信托计划、证券投资基金、银行理财产品、证券公司资产管理计划以及由金融机构或者相关监管部门认可的其他机构管理的金融产品或资产，可以申请参与挂牌公司股票公开转让。

（4）自然人投资者具有 2 年以上证券投资经验，或具有会计、金融、投资、财经等相关专业背景或培训经历，且最近 10 个交易日内本人名下资产日均达到 200 万元（基础层）或 100 万元（创新层）以上。

与上市公司不同，新三板挂牌企业不能向社会公众公开发

行股份，因此挂牌企业股权融资的主要方式就是定向发行股份或优先股。新三板企业定向发行股份对企业财务指标并未设定硬性条件，但对发行对象则有一定限制，发行对象的范围包括下列机构或者自然人：

（1）企业股东。

（2）企业的董事、监事、高级管理人员、核心员工。

（3）符合投资者适当性管理规定的自然人投资者、法人投资者及其他经济组织。

（4）单纯以认购股份为目的而设立的公司法人、合伙企业等持股平台，不具有实际经营业务的，不符合投资者适当性管理要求，不得参与非上市公众公司的股份发行。

企业确定发行对象时，除企业原股东外的投资者合计不得超过 35 名。向特定对象发行股票后股东累计不超过 200 人的，中国证监会豁免核准，由全国中小企业股份转让系统自律管理，因此发行人只需要做好信息披露工作，发行完成后编制并披露《发行情况报告书》。

四、实务要领

新三板尽管由于自然人投资者门槛过高，成交不够活跃，2015 年至 2016 年市场最活跃的时期每日成交额也很难超过 10 亿元，目前日成交额一般为 2 亿 ~4 亿元，但在发展较好的阶段仍实现了较强的融资功能。2015 年新三板融资总额 1216 亿元，2016 年新三板融资总额 1419 亿元，融资总额超过了创业板。近年来，由于缺乏后续政策支持，新三板融资功能持续下降，2017 年融资总额 1331 亿元，2018 年融资总额仅 604 亿元，到 2021 年融资总额仅不到 260 亿元。尽管融资功能有所下降，但新三板挂牌企业相对于非公众公司而言，仍具备企业治理和经营比较规范、信息公开等优势，更容易受到投资者关注和青睐。随着 2021 年北交所的出台，北交所上市预备企业首先须成为新三板挂牌企业且在创新层连续满 1 年，这将带动新三板市场在未来几年内持续走热。

作为中小企业经营者，对于是否申请新三板挂牌，不应盲目跟风，而应当根据本企业情况做出理性判断。如果企业已经具备上市条件，直接申请 IPO 对企业来说时间和精力、财力的消耗更少，通过新三板过渡有画蛇添足之嫌。而对于较长期间内不具备 IPO 条件的企业，如果有对外宣传和融资的需求，且规范化、信息披露和挂牌费用对企业持续赢利能力没有重大不利影响，就可以选择新三板挂牌提升企业知名度和融资能力。

新三板对企业规范性、信息披露要求相对较低，实际监管尺度也不像上市公司监管那样严格，因此很多企业在挂牌申请阶段规范整改、信息披露和挂牌后合规经营、信息披露等方面敷衍了事，甚至出现虚假披露或隐瞒重要信息等较为严重的违规行为，甚至为了规避挂牌费用故意不披露财务报告或因其他违规行为被强制摘牌，这样做的风险是非常大的。尽管挂牌企业在企业治理结构和信息披露方面无须采取上市公司的标准，但也必须合法合规，财务报告的编制应当符合《企业会计准则》，否则一方面可能受到股转公司或证监会的处罚，另一方面当企业未来申请 IPO 时必须严格按照上市要求进行信息披露和编制财务报告，如果其披露信息与新三板披露情况存在重大差异，财务数据与新三板期间公告的财务报告存在重大差异，或者违规被处罚甚至摘牌，都会对企业申请发行上市产生严重的不利影响。

新三板挂牌企业融资虽具备一定有利条件，但毕竟不像上市公司那样受关注，因此企业挂牌后在守法合规的前提下还需要设置专职人员处理资本运作和投资者关系事务，通过各个渠道加强日常宣传，保持与投资机构、行业研究机构的经常性沟通，提升社会公众特别是投资者对自身的认知度和认可度，而不是到急迫需要融资时再临时"抱佛脚"，这样才能更好地发挥新三板挂牌对企业融资的助力作用。

案例　久日新材通过新三板完成多次融资并成功实现科创板 IPO

天津久日化学股份有限公司（后更名为"天津久日新材料股份有限公司"）专业从事光引发剂等化学品研发、生产和销售，于 2012 年 9 月 4 日在新三板挂牌，证券简称"久日新材"，新三板挂牌后该企业多次通过股份定向增发融资，具体情况如表 4-3 所示。久日新材 2012—2018 年的经营业绩如表 4-4 所示。

表 4-3　天津久日化学股份有限公司融资情况

年度	募集资金金额（万元）	发行价格（元/股）	市盈率（倍）	公司投前估值（亿元）
2013 年 7 月 23 日	1 499.23	7.36	14	3.92
2014 年 8 月 6 日	8 027.50	9.50	15	5.26
2015 年 5 月 22 日	7 000.00	10.00	14	6.38
2016 年 3 月 21 日	8 580.00	15.00	22	11.06
2019 年 2 月 25 日	4 740.00	12.00	5	9.54

注：2019 年股票发行对象为公司部分董事、监事、高级管理人员、核心员工及在册股东（持有公司股份的员工），因此发行价格较低。

表 4-4　久日新材 2012—2018 年经营业绩

单位：亿元

项目	2012 年	2013 年	2014 年	2015 年	2016 年	2017 年	2018 年
收入	2.35	3.24	4.58	5.79	6.39	7.40	10.05
净利润	0.29	0.36	0.45	0.51	0.41	0.51	1.76

公司完成 2019 年增资后向上海证券交易所提交科创板 IPO 申请，于 2019 年 4 月 18 日受理，于 2019 年 11 月 5 日完成科创板上市。

久日新材在新三板挂牌后，通过"少量多次"的融资方式，累计完成股权融资约 3 亿元，为经营业绩的持续增长提供了持续的资金支持。企业营业收入和净利润逐步提升，且融资时估值采取的市盈率水平较为合理，因此融资都比较顺利。企业通过稳步提升定增每股价格，使参与定增的投资者的投资逐步增值。2016年和2017年受宏观市场环境影响，企业业务收入虽持续增长，但净利润未能同步增长，企业及时调整政策暂停股权融资，避免发行失败或估值下降损害原投资者利益。在新三板挂牌的7年中，企业通过稳健的经营管理和合理适度的股权融资，使企业赢利能力和财务状况得到大幅提升，终于实现科创板IPO，完成在资本市场的华丽蜕变。

第四节
境外上市融资

> **资金来源：** 境外证券投资者
>
> **融资性质：** 股权融资
>
> **融资方式：** 直接融资
>
> **融资期限：** 长期
>
> **适用企业：** 符合境外上市条件的企业
>
> **优　势：** 财务指标要求较低，审核效率较高，促进企业国际化
>
> **劣　势：** 上市成本较高、估值较低、交易活跃程度不确定
>
> **实务要点：** 慎重考虑、选好服务机构

一、境外上市概述

经济全球化背景下资本市场也在国际化，为了丰富投资标的种类给投资者更多的选择，世界主要国家的证券交易所逐步接受外国优质企业发行上市。我国上海和深圳证券交易所对企业 IPO 采取了较为严格的审核标准，排除了部分行业的企业，

对财务指标提出较严格要求，科创板外在企业治理上禁止表决权差异化，使很多企业难以实现 A 股上市的愿望，只能转向境外。一些企业的业务在全球布局，还有的企业所属行业在境外市场受到投资者追捧估值具有更大的估值优势，这些企业则有主动选择境外上市的意愿。上述各种原因驱使下，在多数境内中小企业积极努力进行 A 股 IPO，或者退而求其次暂时选择新三板挂牌的同时，总是有部分企业另辟蹊径，选择了境外上市，其中最具代表性的既有阿里、腾讯这样的 IT 业领军企业，也有 SOHO 中国、华润置地这样的大型地产企业。

境外证券交易所，最具有代表性的是美国和中国香港的交易所，在投资者和上市公司数量、交易活跃程度和融资规模上都明显好于其他境外证券交易所，也是吸引境内企业上市数量最多的境外交易所，除此以外也有少数境内企业在英国、日本、新加坡等国的境外交易所发行上市。

二、红筹架构和 VIE 架构

一些境外证券交易所允许直接以中国境内注册企业作为上市主体，以香港联合交易所为例，国内很多银行机构和大型央企都采取了同时在境内和香港联交所发行上市的"A+H"模式，如工商银行、中国联通等，可以采取这一模式的还有新加坡 S 股、中欧交易所 D 股等。对于不能或不愿直接以中国境内注册企业作为上市主体的情况，一般需要通过搭建"红筹架构"或"VIE 架构"，以在开曼、百慕大等境外避税地注册的控股公司作为上市主体，间接控制境内经营实体，实现境外上市。

红筹上市，即先由中国国内公司的创始股东在境外避税地设立离岸公司（法律上称为"特殊目的公司"），然后以这家离岸公司通过各种方式控股境内经营实体，最终实现该离岸公司境外上市。境内经营实体股东按照相同股权结构在 BVI（British Virgin Islands，即英属维尔京群岛）注册空壳公司 BVI 公司1，该公司全资控制注册在开曼或百慕大的空壳公司，开曼或百慕大公司全资控制注册在 BVI 的另一家空壳公司 BVI 公司2，BVI 公司2全资控制注册在中国香港的空壳公司，香港公司再收购取得境内经营实体100%股权。基本结构如图4-1所示。

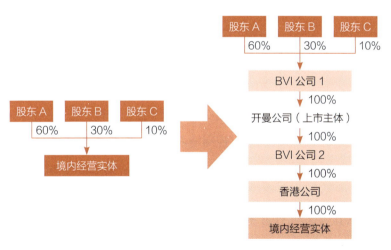

图4-1 红筹架构

BVI 关于公司注册、持续监管和税收等方面的法律较为宽松，转让公司股权几乎没有任何成本，因此 BVI 公司1的作用主要是方便通过转让 BVI 公司 1 股权而间接转让上市主体开曼、百慕大公司控制权，BVI 公司 2 的作用主要是方便通过转让 BVI 公司 2 股权而间接转让上市主体开曼、百慕大公司的实际经营性资产，如果没有上述需求也可以不设置这两层架构。BVI 法律过于宽松的缺点是主要交易所不愿接受 BVI 注册的公司作为上市主体，而开曼、百慕大地区对公司注册、持续监管有一定法律监管，属于半避税地，大多数交易所都接受以该地区注册的公司作为上市主体，因此设置开曼公司的作用主要是用于作为境外上市的法律主体；中国香港地区一方面与其他境外地区之间经济自由度高，另一方面与中国内地存在税收优惠的协定，且香港企业全资并购境内企业较之其他境外企业在法律政策上享有更多便利，因此香港公司主要作为连接离岸公司和境内实体之间的桥梁，降低境内实体利润汇出的税负。

VIE 结构（Variable Interest Entities，即"可变利益实体"，也称为"协议控制"），是指境外上市实体与境内运营实体相分离，境外上市实体在境内设立无实际业务的全资子公司，该全资子公司通过协议的方式控制境内运营实体的业务和财务，使该运营实体成为上市实体的可变利益实体。基本结构如图 4-2 所示。

VIE 架构与红筹架构最主要的区别是最终对境内经营实体的控制方式是股权控制还是协议控制，之所以一些企业采取 VIE 架构，主要是由于特定行业限制或禁止外商独资企业经营，规避红筹架构下收购境内公司的商务部审查机制，或者红筹架构下股权转让的税负、过桥资金等成本过高等。

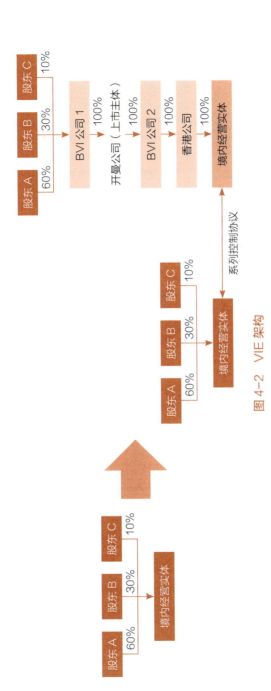

图 4-2 VIE 架构

3 种境外发行上市的方式比较如表 4-5 所示。

表 4-5　境外发行上市方式对比

项目	境内公司直接上市	红筹架构上市	VIE 架构上市
上市主体	境内经营实体	开曼、百慕大公司	开曼、百慕大公司
股权架构	简单清晰	多层架构，较为复杂	多层架构，较为复杂
控制经营资产方式	直接持有	股权控制	协议控制
原股东权益	不能上市流通（H 股"全流通"工作正在推进中）	可以上市流通	可以上市流通
能否同时A 股上市	可以	目前暂不可以	目前暂不可以
证券监管方式	境内和上市地双重监管	境内和上市地双重监管	规定不明确，一些企业未向中国证监会申请即在境外上市

三、境外上市监管

对于境外上市一直存有争议，也在不断完善中。中国证监会在 1999 年制定的《关于企业申请境外上市有关问题的通知》（2013 年废止）对境内企业申请境外上市提出了"净资产不少于 4 亿元人民币，过去 1 年税后利润不少于 6000 万元人民币，并有增长潜力，按合理预期市盈率计算，筹资额不少于 5000 万美元"的高标准要求，很多中小企业为规避该限制只能采取红筹上市。2006 年商务部联合证监会、外汇局等 6 部委发布的《关于外国投资者并购境内企业的规定》（简称"10 号文"）规定"境内公司、企业或自然人以其在境外合法设立或控制的公司名义并购与其有关联关系的境内的公司，应报商务部审批"，这一条从操作上为红筹架构设置了巨大的障碍，另外，为并购境内企业设立的"特殊目的公司境外上市交易，应经国务院证券监督管理机构批准"，也使红筹上市同样要受到境内证监会监管，因此 VIE 架构成了规避监管，实现境外上市的有效方式之一。2021 年，国家互联网信息办公室发布了《网络安全审查办法》，规定掌握超过 100 万用户个人信息的网络平台运营者赴国外上市，必须向网络安全审查办公室申报网络安全审查。这将对国家数据安全保障，防止数据泄露与非法出境提出了更高的审查要求。2023 年，中国证监会发布境外上市备案管理相关制度规则，包括《境内企业境外发行证券和上市管理试行办法》和 5 项配套指引，进一步优化监管环境、激发市场活力、增强企业发展信心。

境外上市的监管主要涉及商务部、外汇局和证监会等部门，商务部对设立特殊目的公司和并购境内企业进行审核，外汇局负责外汇登记管理，证监会对境内股份有限公司或特殊目的公司境外上市进行审批。

四、境外上市的优势和劣势

境外证券交易所对上市公司的财务指标要求普遍低于 A 股上市条件，同时主要证券交易所都采取注册制，审核标准更加透明具体，上市审核周期较短，企业在专业机构指导下对于能否成功上市以及上市时间能够形成更为准确的预期，企业上市后再融资程序也比 A 股简便，在一定比例下增发新股并不需要再提交证监会或交易所审核。对于在境外进行业务布局的企业来说，在美国、中国香港等国际化证券交易场所上市有利于提升公司国际知名度。

另外，境外上市涉及红筹架构或 VIE 架构搭建，需要聘请境内外两套专业服务团队，成本也比较高昂，特别是美国和中国香港 IPO，相对实际融资金额，上市成本占比明显高于 A 股IPO。同时，多数行业的公司在境外资本市场估值水平总体上明显低于 A 股，根据以往各市场平均市盈率情况，沪市主板为14、深市主板为 17、创业板为 45、科创板为 120，美国道琼斯为 21、纳斯达克为 27，中国香港恒生指数为 11，"A+H"模式的上市公司多数 A 股价格要比 H 股高出 50%~100%，对原股东来说境外上市融资显然不如在 A 股市场融资更加划算。境外证券市场的交易活跃度（换手率）也不及 A 股，例如 2017 年A 股创业板指数、中小企业板指数、上证综指换手率（以流通市值计算）分别高达 920%、745%、532%，远高于美国纳斯达克指数（352%）和标普 500 指数（214%）、英国富时 100 指数（256%）、日本日经 225 指数（200%）、法国 CAC40 指数（114%）、香港恒生指数（56%）等。

五、境外主要证券市场的上市条件

中国企业最主要的境外上市地美国和中国香港的 IPO 条件简要介绍如下：

（一）美国证券市场上市条件

美国证券市场主要由纽约证券交易所、纳斯达克证券交易市场（NASDAQ）、全美证券交易所和电子柜台交易系统（OTCBB）组成，下面就前三大证券交易所对美国以外的公司上市条件进行简要介绍，如表4-6所示。

表4-6　非美国企业在美上市条件

交易所	非美国企业上市条件
纽约证券交易所	作为世界性的证券交易场所，纽约证交所也接受外国公司挂牌上市，上市条件较美国国内公司更为严格，主要包括： （1）社会公众持有的股票数目不少于250万股，公众持股市值不低于1亿美元（IPO为不低于6000万美元）。 （2）持有100股以上的股东人数不少于5000名。 （3）公司财务标准（四选其一）： ①前3年的税前利润1亿美元以上，且最近2年的利润均为2500万美元以上。 ②总市值5亿美元以上，过去12个月营业收入1亿美元以上，最近3年经营现金流1亿美元以上。 ③总市值7.5亿美元以上，最近1年的收入7500万美元以上。 ④总市值5亿美元以上，至少有12个月的经营期限。 （4）对公司的管理和操作方面的多项要求。 （5）其他有关因素，如企业所属行业的相对稳定性，企业在该行业中的地位，企业产品的市场情况，企业的前景，公众对企业股票的兴趣等
NASDAQ（上市条件由高至低，分为全球精选市场、全球市场和资本市场三个板块）	在全球精选市场首次上市应当符合以下条件之一： （1）最近3年税前利润合计不低于1100万美元，最近2年每年不低于220万美元，最近3年未发生亏损；股票买入价不低于4美元；3~4名做市商。 （2）最近3年现金流合计不低于2750万美元，每年现金流均不能为负；最近12个月总市值平均不低于5.5亿美元；最近1年的收入不低于1.1亿美元；股票买入价不低于4美元；3~4名做市商。 （3）最近12个月总市值平均不低于8.5亿美元；最近1年的收入不低于9000万美元；股票买入价不低于4美元；3~4名做市商。 （4）估值不低于1.6亿美元；总资产不低于8000万美元；所有者权益不低于5500万美元；股票买入价不低于4美元；3~4名做市商

交易所	非美国企业上市条件
NASDAQ	在全球市场首次上市应当符合以下条件之一： （1）股东权益1500万美元以上；最近1年或最近3年中的2年税前利润不低于100万美元；公众持股不少于110万股；公众持股市值不低于800万美元；股票买入价不低于4美元；持100股以上股东不少于400人；3名做市商；公司治理符合要求。 （2）股东权益3000万美元以上；公众持股不少于110万股；公众持股市值不低于1800万美元；股票买入价不低于4美元；持100股以上股东不少于400人；3名做市商；运营2年以上；公司治理符合要求。 （3）总市值7500万美元以上，或者总资产或总收入分别为7500万美元以上；公众持股不少于110万股；公众持股市值不低于2000万美元；股票买入价不低于4美元；持100股以上股东不少于400人；4名做市商；公司治理符合要求。 （4）最近1年或最近3年中的2年总资产或总收入不低于7500万美元；公众持股不少于110万股；公众持股市值不低于2000万美元；股票买入价不低于4美元；持100股以上股东不少于400人；4名做市商；公司治理符合要求 在资本市场首次上市应当符合以下条件之一： （1）经营2年以上；股东权益500万美元以上；公众持股不少于100万股；公众持股市值不低于1500万美元；持100股以上股东不少于300人；股票买入价不低于4美元；3名做市商。 （2）总市值5000万美元以上；股东权益400万美元以上；公众持股不少于100万股；公众持股市值不低于1500万美元；持100股以上股东不少于300人；股票买入价不低于4美元；3名做市商。 （3）股东权益400万美元以上；最近1年或最近3年中的2年净利润不低于75万美元；公众持股不少于100万股；公众持股市值不低于500万美元；持100股以上股东不少于300人；股票买入价不低于4美元；3名做市商

交易所	非美国企业上市条件
全美证券交易所	首次上市应当符合以下条件之一： （1）总股本 400 万美元以上；税前利润不低于 75 万美元；公众持股市值不低于 300 万美元；公众股东不少于 800 名股数不少于 50 万股或公众股东不少于 400 名股数不少于 100 万股；股票买入价不低于 3 美元。 （2）总股本 400 万美元以上；经营 2 年以上；公众持股市值不低于 1500 万美元；公众股东不少于 800 名股数不少于 50 万股或公众股东不少于 400 名股数不少于 100 万股；股票买入价不低于 3 美元。 （3）总市值 7500 万美元以上；公众持股市值不低于 2000 万美元；公众股东不少于 800 名股数不少于 50 万股或公众股东不少于 400 名股数不少于 100 万股；股票买入价不低于 3 美元。 （4）总股本 400 万美元以上；总市值 5000 万美元以上；公众持股市值不低于 1500 万美元；公众股东不少于 800 名股数不少于 50 万股或公众股东不少于 400 名股数不少于 100 万股；股票买入价不低于 2 美元

📖 案例　当当网在美国纽交所 IPO

2010 年 12 月 8 日，图书电子商务网站当当网在美国纽交所正式挂牌上市。

公司在 2010 年上半年营收为 1.4409 亿美元，在 2007 年和 2008 年都处于亏损状态，在 2009 年实现盈利，全年净利润为 253 万美元。2010 年前 9 个月，当当网图书业务占其总体收入的 84%。

当当网 CEO 李国庆持股 38.9%，担任联合总裁的俞渝持股 4.9%。李国庆和俞渝曾是夫妇，两人持股总计 43.8%，拥有公司控制权。团队其他高管的持股比例均低于 1%，但整个管理团队持股比例为 52.5%。

上市前一天，当当网宣布上调 IPO 发行价区间，从每股 11 美元至 13 美元上调到 13 美元至 15 美元。而最终，其发行价为 16 美元，高于区间最上限，说明当当网得到了美国资本市场的追捧。按照最新更改的发行价区间中间价位计算，当当网此次融资总额将达到 2.38 亿美元，企业市值达到 12.46 亿美元，李国庆和俞渝的身家也由此一夜暴涨至 32 亿元。发行价的调整导致李国庆认为投行存在"故意压低发行价"之嫌，与"大摩女"（摩根士丹利为当当网 IPO 主承销商之一）网络语言冲突，甚至一度成为社会热门话题。

通过研究当当网美国上市案例，我们有以下几点收获：（1）对美国纽交所乃至美国证券市场上市条件产生一个更加直观具体的印象。（2）通过美国投资者对于互联网题材公司的追捧，初步认识美国证券市场的行业偏好。（3）了解美国 IPO 发行定价的市场化，以及承销商（投行）在定价中的重要作用。

（二）香港证券市场上市条件

香港联交所分为主板和创业板，上市条件对比见表 4-7。

表 4-7　香港证券市场上市条件

上市条件	主板	创业板
财务指标	符合下列条件之一： （1）预计市值 5 亿港元以上，最近三年赢利 8000 万港元以上，其中最近一年赢利 3500 万港元以上，前两年赢利 4500 万港元以上。 （2）预计市值 20 亿港元以上，最近一年收入 5 亿港元以上，最近三年累计现金流 1 亿港元以上。 （3）预计市值 40 亿港元以上，最近一年收入 5 亿港元以上	（1）预计市值 1.5 亿港元以上。 （2）最近两年经营性现金流入 3000 万港元以上
公众持股	（1）公众持股不少于发行后总股本的 25%，市值 100 亿港元以上的公众持股不少于发行后总股本的 15%~25%。 （2）公众股东至少 300 人。 （3）公众股东持股不低于 5000 万港元。 （4）持股量最高的 3 名公众股东持股数量不超过公众持股总数的 50%	（1）公众持股不少于发行后总股本的 25%，市值 40 亿港元以上的公众持股不少于发行后总股本的 20% 或 10 亿港元。 （2）公众股东至少 100 人。 （3）公众股东持股不低于 3000 万港元。 （4）持股量最高的 3 名公众股东持股数量不超过公众持股总数的 50%
运营记录和管理层	（1）经营的业务适于上市，持续运营 3 个财年以上。 （2）最近三年管理层保持稳定。 （3）最近一年实际控制人未变更。符合特定情况可申请豁免	（1）专注于一项主营业务，持续运营 24 个月以上。 （2）最近两年管理层保持稳定。 （3）最近一年实际控制人未变更。 （4）管理层和大股东合计持股不低于已发行总股本的 35%。符合特定情况可申请豁免

上市条件	主板	创业板
公司治理	（1）最少3名独立的非执行董事，其中至少1名具备相应专业资格或会计、管理专业特长。 （2）设立全部由非执行董事组成的审核委员会，成员3名以上，其中至少1名具备相应专业资格或会计、管理专业特长，独立非执行董事占多数且担任主席。 （3）上市后至少2名执行董事常驻香港	（1）最少3名独立的非执行董事，其中至少1名具备相应专业资格或会计、管理专业特长。 （2）设立全部由非执行董事组成的审核委员会，成员3名以上，其中至少1名具备相应专业资格或会计、管理专业特长，独立非执行董事占多数且担任主席。 （3）上市后至少2名执行董事常驻香港 （4）指派1名执行董事作为监察主任保障公司符合上市规则及回应联交所查询
其他条件	（1）公司注册地为中国香港、开曼、百慕大、中国大陆。 （2）委任1名保荐人协助上市申请。 （3）上市后至少一年保留保荐人。 （4）控股股东存在同业竞争的应当详细披露	（1）公司注册地为中国香港、开曼、百慕大、中国大陆。 （2）委任1名保荐人协助上市申请。 （3）上市后至少2年保留保荐人。 （4）董事、主要股东、管理层股东存在同业竞争的应当详细披露

六、实务要领

综上，境外上市也是企业登陆资本市场的一条可行路径，但与境内上市相比涉及的各方面关系更加复杂，后续维护成本也较高，需要慎重决策。首先，境外上市必须能够满足企业基本的融资需求，因此必须选择较大的资本市场和相对活跃的板块，否则仅为了一个"上市公司"名分而劳民伤财实在得不偿失。其次，要对境外与境内各主要资本市场上市进行选择，应当在企业基本符合IPO条件的前提下，从融资功能、转让功能、品牌效果、上市及维护费用、上市周期等各个角度全面评估比较。最后，要慎重选择专业能力强、职业道德良好且具有国际背景的中介机构并充分发挥其指导和服务作用，选择适合的上市路径，平稳有序地推动实施上市各项工作。

✍ **案例** 首例采取"新三板+H"模式的君实生物在香港联交所主板成功上市

2018年12月24日，中国生物制药研发领域的先行者，新三板挂牌企业——君实生物在香港联合交易所有限公司（联交所）主板成功上市，成为国内首家"新三板+H"挂牌落地的企业。全球发售158910000股H股，每股面值1元，全部为普通股，每股发售价19.38港元，募资净额约29.44亿港元，公司市值超过百亿元。

2015年至2018年前三季度，君实生物主要业务仍处于创新药研发阶段，几乎没有营业收入，净利润均处于大额亏损状态，亏损金额分别为5791万元、1.35亿元、3.17亿元以及4.35亿元。

君实生物完成H股上市后又踏上新的征程，2019年9月25日已经在新三板暂停转让，9月26日科创板上市申请获上交所受理，准备冲刺科创板第一家"A+H股"上市公司。

通过研究君实生物H股上市案例，我们有以下几点收获：（1）了解了香港联交所对于研发型生物制药上市在财务指标上的优惠政策。（2）对"新三板+H"模式有了更直观的印象，H股上市对于破解新三板挂牌企业的困局提供了新的出路。（3）认识到H股上市对于后续申请包括科创板在内的A股IPO不存在任何障碍。

第五章

CHAPTER 5

融资增信

第一节
融资增信概述

　　融资增信，是指融资方通过提供资产抵押、质押或第三方保证降低违约风险提升融资信用等级的行为，是提升企业融资能力和降低融资成本的重要方式。

　　对于普通债权而言，债务人以其本人全部财产对其全部债务承担偿付责任，各债权人之间法律地位和清偿顺序上平等，因此债权人对其债权是否能够及时足额得到清偿的预期取决于对债务人清偿能力的评估，对债务人的评估主要包括其资产负债情况、赢利和现金流情况以及债务人历史信用状况等方面。考察资产负债情况是从静态角度评估债务人偿债能力的一种方法，主要财务指标包括其资产和负债规模、负债与资产的比例（即"资产负债率"，用于评估总偿债风险）、流动资产与流动负债的比例（即"流动比率"，用于评估短期偿债风险），同时还要从非财务角度评估资产的保值性、变现能力等。考察赢利和现金流情况是从动态角度评估债务人偿债能力的一种方法，主要财务指标包括近几年的年度利润和经营活动现金流量净额，以及融资投入的项目所增加的利润和现金流，及其与未来每年应偿付的本金和利息之间的比例关系，从而评估公司正常经营所产生的利润和现金流是否足以偿付债务本金和利息。考察债务人历史信用状况是从非财务角度评估债务人违约风险的一种方法，主要是通过债务人以往是否能严格按照约定履行义务清偿本息来判断债务人诚信状况、履约能力、资金管理水平和临时筹措资金的能力，从而评估债务违约风险。

债务人自身的资产负债情况、赢利和现金流情况以及历史信用状况都是客观存在的，在特定的时点上无法提升，如果债务人的融资需求超过债权人对其偿债能力的评价，债权人就会要求提高收益率来补偿过高的风险，甚至直接拒绝提供资金。债务人只有通过增信降低违约风险，才能使债权人提升对该债权安全性的信心，愿意按照相对较低的收益率提供融资。增信的具体方式是以特定财产的变现价值优先满足该债权的清偿，或者追加债务人之外的第三人资信共同保障该债权的清偿。前者是物的担保（即"担保物权"），主要包括抵押和质押；后者是人的担保（即"保证"），包括一般保证和连带责任保证。

增信作为一种提升债务人融资能力和保障债权人权益的方式被广泛应用于各种债务融资中，例如中长期银行贷款一般都会要求企业提供资产抵押、发行债券时通过信用等级高于发行人的第三方提供担保可以提升债项评级等。股东对企业享有的分配权位序落后于债权人，例如企业利润分配的顺序排在偿还债务利息和缴纳所得税之后，破产时全部债务清偿完毕仍有剩余财产才向股东分配等，而增信的本质是提升偿债保障，因此股权融资一般不采取增信措施，但资本市场在发展中不断创新，为了吸引投资机构以较高估值入股，很多企业大股东同意签署协议，以回购或其他补偿方式保障投资者的最低投资收益率，实质上也具备了以"人的担保"增信的性质。

增信的两个基本方式就是"人"和"物"，"人的担保"最典型的就是保证，"物的担保"最具代表性的是抵押和质押，相关法律规定主要集中在物权法和担保法及相关司法解释中。某些特定交易类型或支付结算方式也会有与之相适应的特殊增信方式，本质上也都不外乎"人的担保"或"物的担保"2 种类型，只是对现有法律规则的具体应用或者针对特定业务制定的专门规则，例如银行承兑汇票和信用证就是以银行信用保障付款义务履行、让与担保则是以标的物所有权保障债务履行等。下面就保证、抵押和质押这些最基本的增信措施涉及的法律和实际操作问题进行简要介绍。

第二节
保证

性　　质：人的担保

增信来源：第三人的一般财产

标 的 物：无特定标的物

形　　式：书面保证合同、保证条款、保证书等形式

实务要点：保证人具备法定资格、保证人履行能力符合增信要求保证，是指保证人和债权人约定，当债务人不履行债务时，保证人按照约定履行债务或者承担责任的行为。是以债务人之外的第三人的一般财产担保债务履行的方式。

一、保证人资格

企业应当找到具有民事主体资格并具备代为清偿债务能力的法人、其他组织或者公民作为保证人。这里的"其他组织"主要包括：依法登记领取营业执照的独资企业、合伙企业；依法登记领取营业执照的联营企业；依法登记领取营业执照的中

外合作经营企业；经民政部门核准登记的社会团体；经核准登记领取营业执照的乡镇、街道、村办企业。

有以下情况的主体不得作为保证人：国家机关不得为保证人，但经国务院批准为使用外国政府或者国际经济组织贷款进行转贷的除外；学校、幼儿园、医院等以公益为目的的事业单位、社会团体不得为保证人，其签署的担保合同无效；企业法人的分支机构、职能部门不得为保证人，有法人书面授权的可以在授权范围内提供保证；证券公司和上市公司不得作为上市公司发行可转债的担保人，但上市商业银行除外；法人或者其他组织的法定代表人、负责人不应当超越权限订立担保合同，但除相对人知道或者应当知道其超越权限的以外，其越权签署的担保合同仍然有效。

二、保证合同

保证合同应当采用书面形式，具体方式包括保证人与债权人订立保证合同，主合同当中设定保证条款并由保证人作为合同当事人之一参与签署，或者保证人单方签署说明保证的债务及保证责任的保证书并提交给债权人。

同一债务可以由 2 个以上保证人共同担保，保证人应当按照保证合同约定的保证份额承担保证责任。没有约定保证份额的，共同保证人之间承担连带责任，债权人可以要求任何一个保证人承担全部保证责任。已经承担保证责任的保证人，有权向债务人追偿，或者要求承担连带责任的其他保证人清偿其应当承担的份额。

保证人与债权人可以就单个主合同分别订立保证合同，也可以协议在最高债权额限度内就一定期间连续发生的借款合同或者某项商品交易合同订立一个保证合同。

担保合同从属于主债权债务合同，主合同无效的，担保合同也无效。主合同有效而担保合同无效，债权人无过错的，担保人与债务人对主合同债权人的经济损失，承担连带赔偿责任；债权人、担保人有过错的，担保人承担民事责任的部分，不应超过债务人不能清偿部分的二分之一。主合同无效而导致担保合同无效，担保人无过错的，担保人不承担民事责任；担保人有过错的，担保人承担民事责任的部分，不应超过债务人不能清偿部分的三分之一。

保证的方式有一般保证和连带责任保证，前者在债务人不能履行债务时由保证人承担保证责任，后者保证人与债务人对债务承担连带责任。一般保证的保证人在主合同纠纷未经审判或者仲裁，并就债务人财产依法强制执行仍不能履行债务前，有权拒绝承担保证责任；而连带保证人则不享有这样的权利，债务人未履行债务的，债权人既可以要求债务人履行债务也可以要求保证人承担保证责任。当事人对保证方式没有约定或者约定不明确的，按照连带责任保证承担保证责任。实践中债权人一般会要求保证人采取连带责任保证，企业发行债券等标准化证券融资时担保方也应提供连带责任保证。

当事人无特殊约定的，保证担保的范围包括全部债务的主债权及利息、违约金、损害赔偿金和实现债权的费用。债权人与债务人未经保证人书面同意增加债务金额或延长债务期限的，除另有约定外，保证人对于增加的金额和延长的期限不再承担保证责任。

同一债权既有保证又有物的担保的，保证人对物的担保以外的债权承担保证责任。债权人放弃物的担保的，保证人在债权人放弃权利的范围内免除保证责任。

保证人承担保证责任后，有权向债务人追偿。法院受理债务人破产案件后，债权人未申报债权的，保证人可以参加破产财产分配，预先行使追偿权。

三、实务要领

保证人一般是自然人、其他企业或者专业担保机构，为了发挥保证的增信功能，实践中企业一般需要找到比自身偿债能力和信用评级更高的机构作为保证人，同时公司控股股东、实际控制人可能也会被债权人要求担任保证人。

在市场经济条件下，一般企业为防范风险都不会轻易为非关联方提供担保。专业融资担保机构一般资信等级都会高于被担保企业，具有较强的增信功能，但会根据担保风险收取一定担保费，有些还可能要求被担保企业以特定资产向担保机构设立物的担保来作为反担保，这些都增加了企业取得担保的难度和成本。有经常性融资担保需求的企业，一方面可以和资信及实力情况良好，彼此了解和信任的业务合作伙伴建立相互担保关系，以节省由融资担保机构担保产生的费用；另一方面可与一两家融资担保机构建立起较稳定的合作关系，使担保机构对企业的经营状况、偿债能力有更多了解，从而能以更快速度、更低费用和更少的附件条件取得担保。

第三节
抵押

性　　质：物的担保（担保物权）

增信来源：债务人或第三人的特定财产

标 的 物：不动产或动产

公示方式：登记

实务要点：标的物适于抵押，办理抵押登记抵押，是指债务人或者第三人以不转移占有的方式，将不动产或动产作为债权的担保，债务人不履行债务时，债权人有权依法以该财产折价或者以拍卖、变卖该财产的价款优先受偿。提供担保的财产为抵押物，提供抵押物的为抵押人，债权人为抵押权人。

一、抵押财产

　　债务人要通过财产抵押实现增信，就必须找到依法能够抵押，在商业中适合于抵押的财产。抵押财产既可以是债务人自身的财产，也可以是第三人自愿提供抵押的财产。抵押标的物为不动产或动产，根据相关法律规定，债务人或者第三人有权处分的下列财产可以抵押：建筑物和其他土地附着物；建设用地使用权；以招标、拍卖、公开协商等方式取得的荒地等土地承包经营权；生产设备、原材料、半成品、产品；正在建造的建筑物、船舶、航空器；交通运输工具；法律、行政法规未禁止抵押的其他财产。

建筑物及其所附着的土地使用权应一并抵押。以乡镇、村企业的厂房等建筑物抵押的，其占用范围内的建设用地使用权一并抵押。

下列财产不得抵押：土地所有权；耕地、宅基地、自留地、自留山等集体所有的土地使用权（但法律规定可以抵押的除外）；学校、幼儿园、医院等以公益为目的的事业单位、社会团体的教育设施、医疗卫生设施和其他社会公益设施；所有权、使用权不明或者有争议的财产；依法被查封、扣押、监管的财产；法律、行政法规规定不得抵押的其他财产。以法律禁止抵押的财产设定抵押的，抵押无效。

二、抵押合同和登记

抵押合同应当采取书面形式，抵押财产折价或者拍卖、变卖后，其价款超过债权数额的部分归抵押人所有，不足部分由债务人清偿，不得直接约定债务人不履行到期债务时抵押财产归债权人所有。

以不动产抵押的，应当办理抵押登记，抵押权自登记时设立；以动产抵押的，抵押权自抵押合同生效时设立，未经登记，不得对抗善意第三人。以无建筑物的土地使用权进行抵押的，应当向土地管理部门办理登记；以房屋建筑物抵押的，应当向房屋管理部门办理登记；依法可抵押的土地承包经营权由土地管理部门办理登记；企业以设备、原材料等动产提供抵押的，应当在工商行政管理部门办理登记；以船舶、车辆等运输工具提供抵押的，应当向运输工具登记部门办理抵押登记。

抵押担保的范围包括主债权及利息、违约金、损害赔偿金和实现抵押权的费用。

三、关于抵押的具体规定

一些企业可用于抵押的闲置房产已经出租，由于抵押并不转让资产的占有，订立抵押合同前抵押财产已出租的，原租赁关系并不受该抵押权的影响。但先抵押后又将抵押财产出租的，应当将抵押情况如实告知承租方，租赁关系不得对抗已登记的抵押权。

抵押期间，债务人继续占有和使用抵押物，因此产生的孳息（如房屋出租租金等）仍归债务人所有，但是因债务人不按时支付本息或发生约定的其他情形，债权人向法院起诉并由法院扣押后，债权人可以取得抵押物孳息。

抵押期间，抵押人如果要转让抵押财产，需要经抵押权人同意，转让所得的价款应向抵押权人提前清偿债务或者提存。

转让的价款超过债权数额的部分归抵押人所有，不足部分仍由债务人清偿。抵押人未经抵押权人同意不得转让抵押财产，但受让人代为清偿债务的除外。

抵押期间，抵押人不能实施可能使抵押财产价值减少的行为。抵押财产价值减少的，抵押权人有权要求恢复抵押财产的价值，或者提供与减少的价值相应的担保。抵押人不恢复抵押财产的价值也不提供担保的，抵押权人有权要求债务人提前清偿债务并行使抵押权。在抵押物灭失、毁损或者被征收的情况下，抵押权人可以就该抵押物的保险金、赔偿金或者补偿金优先受偿。

同一抵押物上可以设立多个不同顺位的抵押权，有时抵押物价值很大而债务金额较小，债务人设立抵押之后又有新的融资需求，并且没有其他适合抵押的资产的，可以在该抵押物上设立第二顺位抵押。同一财产向两个以上债权人抵押的，拍卖、变卖抵押财产所得的价款依照下列规定清偿：抵押权已登记的，按照登记的先后顺序清偿；顺序相同的，按照债权比例清偿；抵押权已登记的先于未登记的受偿；抵押权未登记的，按照债权比例清偿。

债务人不履行到期债务或者发生当事人约定的实现抵押权的情形，抵押权人可以与抵押人协议以抵押财产折价或者以拍卖、变卖该抵押财产所得的价款优先受偿；未能达成协议的，抵押权人可以请求法院拍卖、变卖抵押财产。抵押财产折价或者变卖的，应当参照市场价格。实践中债务人无力偿债时一些债权人要求将抵押物以不合理的低价直接折价抵债，该行为损害了债务人和其他债权人的合法权益，债务人有权拒绝，其他债权人也可以向法院起诉请求撤销该行为。

债务人将建设用地使用权抵押后，又在该土地上建造了新的建筑物的，新增的建筑物不属于抵押财产。建设用地使用权实现抵押权时，应当将该土地上新增的建筑物与建设用地使用权一并处分，但新增建筑物所得的价款，抵押权人无权优先受偿。

债务人或者第三人对一定期间内将要连续发生的债权提供担保财产的，可以在最高债权额限度内就该担保财产向债权人设定抵押。最高额抵押权设立前已经存在的债权，经当事人同意，可以转入最高额抵押担保的债权范围内。

第四节
质押

----o----

性　　质：物的担保（担保物权）

增信来源：债务人或第三人的特定财产

标 的 物：动产或权利

公示方式：交付或登记

实务要点：标的物适于质押，权利凭证交付或办理质
　　　　　押登记质押，是指债务人或者第三人将其
　　　　　动产或权利移交给债权人占有，债务人不
　　　　　履行到期债务或者发生当事人约定的实现
　　　　　质权的情形，债权人有权以该动产或权利
　　　　　折价或者以拍卖、变卖的价款优先受偿

一、质押财产

质押标的应当是依法可以流通的动产或权利，企业的动产
主要是存货、交通工具、办公设备、办公家具等，由于质押需
要转移占有，使企业无法正常使用上述资产，因此都不太适合
作为质押标的。

企业用于质押的标的主要是企业所有的、依法可以质押、性质适合质押的权利，具体包括：汇票、支票、本票；债券、存款单；仓单、提单；可以转让的基金份额、股权；可以转让的注册商标专用权、专利权、著作权等知识产权中的财产权；应收账款；法律、行政法规规定可以出质的其他财产权利。实践中最常见的质押标的有公司股权、应收账款、其他动产权利（如存单、保单、仓单等）或不动产收费权（如高速公路收费权等）质押等。

二、质押合同和公示方式

设立质押，当事人应当采取书面形式订立质权合同。债务人不能履行债务的，质押财产折价或者拍卖、变卖后，其价款超过债权数额的部分归出质人所有，不足部分由债务人清偿，不得在合同中约定债务人不履行到期债务时质押财产归债权人所有。因此，一些债权人要求直接以质物低价抵债是违反法律的。

动产质押自出质人交付质押财产时设立。权利质押如有权利凭证的，质押自权利凭证交付质权人时设立；没有权利凭证的，质权自有关部门办理出质登记时设立，例如应收账款质押在中国人民银行征信中心登记、基金或证券质押在证券登记结算机构登记、其他股权质押在工商行政管理部门登记、知识产权质押在相关证书颁发部门登记。特定权利的质押程序应遵守相关法律或业务规则，例如票据质押通过质押背书并交付的方式进行、定期存单质押应当由存单开户行确认等。

三、关于质押的具体规定

动产质押在质权人保管期间因保管不善造成的损失应当由质权人承担赔偿责任。质权人的行为可能使质押财产毁损、灭失的，出质人可以要求质权人将质押财产提存，或者要求提前清偿债务并返还质押财产。因不能归责于质权人的事由可能使质押财产毁损或者价值明显减少，足以危害质权人权利的，质权人有权要求出质人提供相应的担保，出质人不提供的，质权人可以拍卖、变卖质押财产，并与出质人通过协议将拍卖、变卖所得的价款提前清偿债务或者提存。质权人不能擅自处置质物或者转让质权，未经出质人同意转质造成质押财产毁损、灭失的，应当向出质人承担赔偿责任。

出质人与质权人可以协议设立最高额质权，基本原理与最高额抵押相同。质押权利凭证的兑现日期或者提货日期如果先于主债权到期，质权人可以兑现或者提货，并与出质人协议将兑现的价款或者提取的货物提前清偿债务或者提存。

四、企业财产质押的实践情况

一般情况下，票据通过贴现方式融资，仓单、提单对应的资产是企业经营需要的存货不适于出质，融资成本高于存款利息因此存单质押也较少应用，知识产权通常难以确定市场价格和变现多数情况下债权人也不愿意接受。

很多企业都持有、依法可以用于质押、按照交易习惯适合于采取质押方式作为融资担保的质押标的主要是公司股权、应收账款、有价证券等。公司股权是指企业所持有的未上市公司权益，由于非上市公司财务不透明，且缺乏转让股权的公开市场，一般债权人接受意愿不高，除了知名度高、实力强的行业龙头或国资企业股权之外，银行等金融机构一般不接受非上市公司股权质押。应收账款作为质押标的，债权人的接受程度主要取决于账款对应企业客户的资信和实力情况，并且客户对应收账款真实性和金额的确认是办理质押登记的前提条件，对于主要客户为大型企业且能够对账款进行确认的企业而言，以应收账款质押作为融资担保是比较理想的方案。企业持有的有价证券主要包括上市公司股票、债券和基金份额等，具有高度流动性和公允市场价格，债权人通常愿意接受，但债券、债券型基金等证券预期收益通常低于企业融资成本，一般企业会选择卖出证券而不是用于质押，因此实践中也较少作为质押标的，上市公司股票未来收益潜力巨大，且有些企业并非单纯的财务投资者，其持有股票除了取得收益之外还有控制上市公司、与上市公司战略合作等多重目的，如有资金需求可以将股票质押取得融资而无须卖出，所以上市公司股票质押有巨大的市场空间，股票质押是持有较大金额上市公司股票的企业常用的融资担保方式。

上市公司股票质押主要分为场内质押和场外质押，前者质权人为证券公司，后者可以是任何主体；前者期限不超过3

年，后者没有明确期限限制；前者采取逐日盯市，一旦质押股票价格下降至借款本息金额会采取强制平仓，后者则无法及时平仓，只能通过诉讼财产保全或执行措施变现，但对于控股股东大比例股票质押的情况，场内质押也无法实现及时平仓。由于上市公司股票质押规模过大，特别是大量的场外质押，加上近年 A 股出现深度调整，导致出现了所谓股票质押"暴雷潮"，很多上市公司股东质押的股票已经不足以偿债，其中部分公司控制权易主，金融机构对上市公司股票质押的态度也开始趋于谨慎。

参考法律规范

《中华人民共和国民法典》

《中华人民共和国公司法》

《中华人民共和国证券法》

《中华人民共和国票据法》

《中华人民共和国商业银行法》

《中华人民共和国信托法》

《中华人民共和国支付结算办法》

《最高人民法院关于审理票据纠纷案件若干问题的规定》

《企业国有资产监督管理暂行条例》

《中央企业违规经营投资责任追究实施办法（试行）》

《商务部等 8 部门关于开展供应链创新与应用试点的通知》

《最高人民法院关于审理民间借贷案件适用法律若干问题的规定》

《最高人民法院关于审理非法集资刑事案件具体应用法律若干问题的解释》

《商业特许经营管理条例》

《关于小额贷款公司试点的指导意见》

《融资租赁企业监督管理办法》

《最高人民法院关于审理融资租赁合同纠纷案件适用法律问题的解释》

《关于商业保理试点有关工作的通知》

《关于加强商业保理企业监督管理的通知》

《典当管理办法》

《关于促进互联网金融健康发展的指导意见》

《网络借贷信息中介机构业务活动管理暂行办法（征求意见稿）》

《国务院关于清理整顿各类交易场所切实防范金融风险的决定》

《国务院办公厅关于清理整顿各类交易场所的实施意见》

《国务院关于进一步促进资本市场健康发展的若干意见》

《国务院办公厅关于规范发展区域性股权市场的通知》

《区域性股权市场监督管理试行办法》

《关于规范发展区域性股权市场的指导意见》

《贷款通则》

《流动资金贷款管理暂行办法》

《固定资产贷款管理暂行办法》

《商业银行并购贷款风险管理指引》

《个人贷款管理暂行办法》

《商业银行互联网贷款管理办法（征求意见稿）》

《商业银行委托贷款管理办法》

《关于调整金融机构存、贷款利率的通知》

《国务院关于调整和完善固定资产投资项目资本金制度的通知》

《信托公司管理办法》

《信托公司集合资金信托计划管理办法》

《信托公司净资本管理办法》

《关于规范金融机构资产管理业务的指导意见》

《关于进一步明确规范金融机构资产管理业务指导意见有

关事项的通知》

《金融租赁公司管理办法》

《企业债券管理条例》

《国家发展改革委关于推进企业债券市场发展、简化发行核准程序有关事项的通知》

《国家发展改革委办公厅关于进一步强化企业债券风险防范管理有关问题的通知》

《国家发展改革委办公厅关于进一步改进企业债券发行审核工作的通知》

《国家发展改革委办公厅关于简化企业债券申报程序加强风险防范和改革监管方式的意见》

《国家发展改革委关于支持优质企业直接融资进一步增强企业债券服务实体经济能力的通知》

《小微企业增信集合债券发行管理规定》

《公司债券发行与交易管理办法》

《公司债券日常监管问答（一）》

《公司债券日常监管问答（二）》

《公司债券日常监管问答（三）》

《公司债券日常监管问答（四）》

《公司债券日常监管问答（五）》

《公司债券日常监管问答（六）》

《公司债券日常监管问答（七）》

《上海证券交易所公司债券上市规则》

《深圳证券交易所公司债券上市规则》

《上海证券交易所中小企业私募债券业务试点办法》

《深圳证券交易所中小企业私募债券业务试点办法》

《证券公司开展中小企业私募债券承销业务试点办法》

《并购重组私募债券试点办法》

《上海证券交易所关于开展并购重组私募债券业务试点有关事项的通知》

《深圳证券交易所关于开展并购重组私募债券业务试点有关事项的通知》

《证券期货经营机构私募资产管理业务管理办法》

《证券公司及基金管理公司子公司资产证券化业务管理规定》

《资产证券化监管问答（一）》

《资产证券化监管问答（二）》

《资产证券化监管问答（三）》

《资产支持专项计划备案管理办法》

《银行间债券市场非金融企业债务融资工具管理办法》

《银行间债券市场非金融企业中期票据业务指引》

《银行间债券市场非金融企业短期融资券业务指引》

《商业汇票承兑、贴现与再贴现管理暂行办法》

《中国银监会办公厅关于加强银行承兑汇票业务监管的通知》

《中国人民银行关于切实加强商业汇票承兑贴现和再贴现业务管理的通知》

《ICC 跟单信用证统一惯例（UCP600）》

《国内信用证结算办法》

《最高人民法院关于审理信用证纠纷案件若干问题的规定》

《前海跨境人民币贷款管理暂行办法》

《关于支持中国（上海）自由贸易试验区扩大人民币跨境使用的通知》

《跨境担保外汇管理规定》

《关于完善银行内保外贷外汇管理的通知》

《关于规范保险机构开展内保外贷业务有关事项的通知》

《关于在全国范围内实施全口径跨境融资宏观审慎管理的通知》

《首次公开发行股票并上市管理办法》

《首次公开发行股票并在创业板上市管理办法》

《科创板首次公开发行股票注册管理办法（试行）》

《关于全国中小企业股份转让系统有关问题的决定》

《非上市公众公司监督管理办法》

《全国中小企业股份转让系统业务规则（试行）》

《全国中小企业股份转让系统股票挂牌条件适用基本标准指引》

《全国中小企业股份转让系统投资者适当性管理细则（试行）》

《全国中小企业股份转让系统挂牌公司分层管理办法》

《关于金融类企业挂牌融资有关事项的通知》

《国务院关于股份有限公司境外募集股份及上市的特别规定》

《关于外国投资者并购境内企业的规定》

《关于境内居民通过特殊目的公司境外投融资及返程投资外汇管理有关问题的通知》

《股份有限公司境外公开募集股份及上市（包括增发）审核关注要点》